Beethoven

贝多芬

外国音乐欣赏丛书

蔡良玉/编著

人民音乐出版社·北京

BEIDUOFEN

图书在版编目(CIP)数据

贝多芬 / 蔡良玉编著. -- 北京 : 人民音乐出版社, 2023.5（2025.5重印）
（外国音乐欣赏丛书）
ISBN 978-7-103-06510-5

Ⅰ. ①贝… Ⅱ. ①蔡… Ⅲ. ①贝多芬(Beethoven, Ludwig van 1770-1827)—生平事迹②贝多芬(Beethoven, Ludwig van 1770-1827)—音乐评论 Ⅳ. ①K835.165.76 ②J605.516

中国国家版本馆CIP数据核字(2023)第055898号

责任编辑：马圆瑞
责任校对：袁　蓓
封面设计：王　华

人民音乐出版社出版发行
（北京市东城区朝阳门内大街甲55号　邮政编码：100010）
新华书店北京发行所经销
北京隆昌伟业印刷有限公司印刷
880×1230毫米　32开　4.625印张
2023年5月北京第1版　2025年5月北京第3次印刷
印数：4,001—5,000册　定价：25.00元

读者服务部联系电话:（010）58110591
如有缺页、倒装等质量问题,请与出版部联系调换。电话:（010）58110533

目 录

名作欣赏

一、贝多芬的生平与思想发展 /001

青少年时期 /003

成熟时期 /013

创作危机时期和晚期 /023

二、贝多芬的作品 /029

钢琴奏鸣曲 /033

《悲　怆》 /037

《月　光》 /041

《黎　明》 /045

《热　情》 /049

协奏曲 /055

《降 E 大调第五钢琴协奏曲》 /057

《D 大调小提琴协奏曲》 /063

交响曲 /067

《第三交响曲》(《英雄》) /069

《第五交响曲》(《命运》) /075

《第六交响曲》(《田园》) /083

《第九交响曲》(《合唱》) /087

歌剧、戏剧配乐与管弦乐序曲 /097

《菲岱里奥》 /099

《莱奥诺拉第三序曲》 /103

《埃格蒙特序曲》 /107

器乐小品 /111

《G 大调小步舞曲》 /113

《献给爱丽丝》 /115

《F 大调浪漫曲》 /119

《土耳其进行曲》 /121

声乐作品 /123

《谁是自由人?》 /125

《火的色彩》 /127

《跳蚤之歌》 /129

三、作品目录 /131

一、贝多芬的生平与思想发展

Ludwig van Beethoven

路德维希·范·贝多芬

(1770年生于波恩，1827年卒于维也纳)

青少年时期

（1770~1802）

德国作曲家路德维希·范·贝多芬于1770年12月16日出生在波恩。他的祖父和父亲是宫廷里的乐师和歌手，母亲是宫廷厨师的女儿。他们一家像当时为宫廷服务的所有仆人一样，过着贫困清寒的日子。贝多芬的母亲生过七个孩子，但只活了三个，贝多芬最大。

小时候，贝多芬在家里没有得到什么温暖。他的父亲是个酒鬼，总希望贝多芬像莫扎特一样成为驰名欧洲的神童，到各地去演出，以便给他赚钱，却根本没有当年莫扎特的父亲那样的音乐修养和教育孩子的能力。他只会强行剥夺贝多芬学习、休息和玩耍的时间，逼迫孩子练习小提琴、羽管键琴[①]等各种乐器。可以说，虽然贝多芬从小就有音乐天分，但他最初是在父亲的压迫下开始学音乐的，常常三更半夜被喝得酩酊大醉的父亲从床上拖到琴边练习。当时，邻居们时常听到小贝多芬的琴声彻夜不停。贝多芬的母亲心地非常善良，但她身体很弱、性格温顺，无力阻止丈夫的狂暴行为。由此，贝多芬从小就养成了孤僻的性格。他的寡言、怕羞和郁郁寡欢的神态，同他小小的年龄完全不相称。不过，人们可以从那皱着的眉头和紧闭的嘴唇看出他性格的倔强。

贝多芬出生的时候，德国还没有形成统一的国家。它包括了几百个封建割据的城邦，每个邦都有自己的统治者，都从属于奥匈帝国的管辖。贝多芬的少年和青年时期，正是奥匈帝国的统治

① 羽管键琴为古钢琴的一种。

者推行开明专制的时候。为了延缓封建制度的衰亡，帝国的皇帝约瑟夫二世及其继承者采取了一系列改良的措施，科学和文化的发展得到了提倡。贝多芬的家乡波恩成为当时进步的文化思潮“启蒙运动”[①]的中心。这里建立了图书馆、民族剧院和一所大学，还聘请了具有民主思想的学者来教学，德国的文学作品和外国的文学译著到处可以看到。卢梭的作品在知识分子当中流行着，莎士比亚、博马舍的戏剧跟席勒、莱辛的作品，还有格鲁克、莫扎特的歌剧，都在宫廷的剧院里得到上演。先进的知识分子和文化人渐渐聚拢到波恩来，活跃了这里的气氛。这一切，对成长中的贝多芬产生了很大影响。

从 1781 年起，十一岁的贝多芬跟一位音乐老师克里斯蒂安·戈特洛布·内弗学习。这位

---

① 启蒙运动：18 世纪法国资产阶级革命前的一种进步文化教育运动。其特点是反对和怀疑教会、封建专制制度，推崇“理性”。该运动影响很大，波及整个欧洲（德国也受到很大影响）。启蒙运动是法国资产阶级革命的思想准备。

三十多岁的乐队指挥和作曲家，是一位启蒙运动的积极参加者。他曾说：“我恨恶劣的侯爵比我恨强盗更甚。”他当时受波恩的选侯之聘，来参加筹建国家剧院。贝多芬在他的教导下，学习了当时还不为人们所知的音乐大师巴赫的作品，培养起对民歌、民族文学的浓厚兴趣，并写出了自己最初的几首作品。内弗发现了贝多芬的才能，在报纸上发表文章给予少年贝多芬高度评价。他说：“路德维希·范·贝多芬是个有很大才能的十一岁男孩……这个年轻的天才值得给予支持，他一定会成名的。如果他能像现在这样不断进步，他将成为另一个沃尔夫冈·阿马多伊斯·莫扎特。”在内弗的鼓励和支持下，1787年，贝多芬到维也纳去旅行。他本想跟莫扎特学习，但因母亲病重，不得不很快返回波恩，故未能如愿。

当时，波恩的统治者马克西米利安·弗朗茨选帝侯特别喜欢音乐，尤其酷爱器乐音乐，所以他对宫廷乐队（贝多芬一家几代都在这个乐队里服务）特别重视。这个乐队是当时德奥水平较高的乐队之一，贝多芬从十三岁起就在这里弹羽管键琴，十四岁正式担任第二管风琴师，十八岁当歌剧乐队的中提琴师。他为弗朗茨宫廷乐队服务期间，看到了来往于波恩的许多国家的优秀音乐家和艺术家的表演。1790 年，他被介绍给路过这里的著名音乐家海顿。这位大师非常赏识贝多芬的才能，劝他到维也纳去，并答应教他作曲。这次会见对贝多芬以后的生活有着重要的作用。

此间，贝多芬还得到参加其他社会活动的机会，尤其是他接触了一些波恩的开明贵族和进步的知识分子。比如，有一家姓科赫的贵族拥有个俱乐部，人们常常到那里谈论社会问题和政治问题，贝多芬也常去倾听他们的讨论，他早期有不少作品就是为这个俱乐部写的。贝多芬去的最多的是勃朗宁一家，这是一个探索新文化、新思想的家庭。勃朗宁夫人是一位宫廷档案管理人的遗孀，她的四个孩子年龄与贝多芬相仿，她本人对待缺少家庭温暖的贝多芬十分关怀，如同对待自己的孩子一样。更重要的是，在她的家里经常聚集一些思想进步的文化人，他们凑在一起谈论着启蒙运动和进步性的文学作品。贝多芬在同勃朗宁一家和其他知识分子的交往中，广泛地接触到各种政治与艺术见解。同时，他自己还如饥似渴地阅读了许多文学和历史著作。用贝多芬自己的话说，这时期他“初次认识了德国文学”。

在年轻的贝多芬的心中，最具特殊意义的是对共和理想的追求。1789 年，他到波恩大学旁听希腊文学和伦理哲学课，在那里接受了希腊文学教授施奈德的教育。施奈德是一位激进的启蒙主义者，他痛恨专制，曾说过：“一年的自由比一百年的专制对人类有用得多。”当震撼世界的法国大革命爆发，巴黎人民胜利地攻占了象征专制统治的巴士底狱时，消息传来，施奈德写出了热情洋溢的诗歌来歌颂法国大革命，并为此出版了一本诗歌集。十九岁的贝多芬深深地被老师的热情所感染，对施奈德的诗歌集表现出强烈的喜爱。可以说，这在年轻的贝多芬的心灵深处，拨响了一连串蔑视权贵、追求自由理想的和弦。在贝多芬曲折的一生中，这个理想激发着贝多芬谱写出一曲曲令人惊叹的音乐篇章。

1790年，约瑟夫二世去世了。在他执政期间，他曾采取了一系列积极措施，使落后的德国在一些地区实行了改革，取得了一些政治、经济和文化上的发展。施奈德更是提议举行一个纪念仪式，并想在仪式上演奏悼歌。贝多芬热情地担任了作曲的任务，写出了一部大合唱——《约瑟夫二世皇帝逝世康塔塔》(WoO[①] 87)。

波恩时期的贝多芬血气方刚、充满了理想，法国大革命的口号“自由、平等、博爱”深深地打动了他。他在自己的札记中写道：“自由！能有什么东西比它更是人们所需要的呢？”“我爱自由甚于一切——即使在皇座面前也不会背弃真理！”“在艺术界里，如同在一切伟大的创造里一样，自由前进就是目标。”他早年的一首歌曲《谁是自由人？》就是这个时候谱写的。

① “WoO”即《贝多芬作品全集》补遗部分的作品编号。

1792 年，贝多芬离开波恩到维也纳。他想进一步深造并通过自己的演奏和创作在维也纳的上流社会中争得一席之地。由于他是弗朗茨选帝侯喜欢的钢琴家和乐师，又持有贵族华尔斯坦的介绍信（华尔斯坦同当时欧洲各国上层人物均有密切关系），也是赫赫有名的海顿的学生，使得讲究“裙带关系”的维也纳贵族社会，很快就向他打开了方便之门。同时，由于他的确具有出众的音乐天分和高超的演奏技巧，所以，他博得了维也纳贵族的欢心。

这时候，贝多芬一方面深深地印记着朴素的民主思想，另一方面又幻想着通过个人奋斗，谋得与贵族平等的地位。在这段时间里，他对自己的状况感到满意，甚至有点飘飘然。贝多芬的这种复杂、矛盾的思想，可以从下面两件事看出来。当时，在写给故乡的朋友的一封信中，他兴致勃勃地说：“我的艺术使我获得了友谊和荣誉。……获得的金钱也相当多。”又说：“只有在我真正伟大的时候，你们才会看见我。那时，你们不仅会发现作为艺术家的我更伟大些，而且会发现作为人的我更美好与完整些。那时，祖国的繁荣将有所增进，而我的艺术也就应该只限于为了普通人的利益而服务了。”1796年，他在布拉格、德累斯顿、莱比锡和柏林演出后，拒绝了普鲁士国王威廉二世的挽留，因为他不能跟这群不会欣赏他的音乐而只会哭泣的“娇惯坏了的孩子们住在一起”。但以后，当他谈到国王送给他的一个考究的鼻烟盒时，却又得意地说：“这不是一般的鼻烟盒，也许至少是给大人物使用的。”

可是，严酷的社会现实使贝多芬清醒了。他想做一个自由艺术家，靠自己的创作谋生的愿望也时常碰壁，因为出版商对作曲家的剥削实在太重了。贝多芬痛切地说：“在目前，艺术家们还不得不在某种程度上做一个商业家。可是，处在这种地位上，艺术家会有什么样的感触呢？天啊，这是多么不好啊！”与此同时，贝多芬开始受到耳疾的折磨。耳朵，这对一个音乐家来说是多么重要！何况贝多芬还是个雄心勃勃的三十来岁的音乐家。命运在向贝多芬挑战，但是贝多芬倔强的性格和坚定的事业心在推动着他，使他顽强地与命运斗争。他暗自发誓:“我要扼住命运的咽喉，它休想使我完全屈服！”

1802年，耳疾加剧了，贝多芬痛苦万分。他跑到维也纳城郊的海利根施塔特离群索居，独自承受着这巨大的痛苦。他绝望了，想自杀，并写了一份感人肺腑的遗嘱，准备结束一切。但是，他没有寻死，而是战胜了命运的打击，勇敢地活下去，实现了自己两年前“扼住命运咽喉”的誓言。就在这时，一首充满欢乐情绪的作品完成了，它是《第二交响曲》(Op.36)。

成熟时期

（1803~1814）

1798 年，贝多芬结识了法国驻维也纳公使波拿道特将军和法国的小提琴家克鲁采，并热切地向他们了解法国革命的情况，请他们介绍法国的音乐。法国人民的英雄主义精神及他们推翻专制制度的伟大气魄给贝多芬以巨大的鼓舞。在波拿道特将军的建议下，他谱写了著名的《第三交响曲》（Op.55），表现了他对革命的向往。这个作品以其光辉的思想、纯熟的技巧和新颖的艺术风格，成为贝多芬的创作走向成熟的标志，并成为欧洲音乐发展的一个新的里程碑。此间，他还写了许多其他的作品，如钢琴奏鸣曲《黎明》（Op.53）、《热情》（Op.57）及三首弦乐四重奏（Op.59），等等。

这一时期，贝多芬对歌剧也产生了兴趣。虽然他作为一个器乐作曲家已获得了欧洲人的承认，但他还尚未写过歌剧。1802 年以后，法国歌剧在维也纳的剧院经常上演，贝多芬喜欢这些歌剧中所包含的现实主义和英雄主义的情节。他接受了歌剧院经理施肯耐德尔的邀请，搬到维也纳郊区的剧院里去住，积极着手从事歌剧创作，为剧院写了一部清唱剧和一些其他作品。这时，有一部歌剧脚本引起了他极大的兴趣，使他抛开一切投入到这部歌剧的创作中去。他很快写出了这部名为《菲岱里奥》（Op.72）的歌剧，这是他一生中创作的唯一的一部歌剧。

1804 年以后，拿破仑战争逐渐由民族解放性质的战争，转变为侵略扩张性质的战争。1805 年和 1809 年的 5 月、7 月，拿破仑军队先后三次占领了维也纳。据当时的目击者说："法国人什么都拿，市场上什么都没有了。"法国当局还要求维也纳交出一千三百万法郎的战争赔款。可是，当时维也纳的工业已经濒于破产，根本无力赔款。于是，拿破仑改变主意，让维也纳拿出三百万法郎的赔款，同时负责供应几千名法国警备军的给养。维也纳被占领区的人民所遭受的种种苦难，贝多芬全部都经历了，他对占领者的侵略行径非常愤怒。1806 年的夏天，有一次，贝多芬和他的保护人利奇诺夫斯基亲王住在西里西亚的庄园里，亲王的几个法国客人想让贝多芬为他们弹琴，他坚决拒绝了。他们恐吓说要抓他，他气愤地连夜步行到另一个城镇，又搭车回到维也纳。到家后，他一把抓起利奇诺夫斯基的半身像，狠狠地摔到地上，并写了封信给利奇诺夫斯基说："公爵！您之所以成为一个公爵，只是由于偶然的出身，而我成为贝多芬，则是靠我自己。公爵现在有的是，将来也有的是，贝多芬却只有一个。"

1806 年 10 月，第四次反法同盟对法作战，法军在耶拿大败普鲁士军队。在耶拿战役期间，贝多芬密切地注意事态的发展。一天，他在街上遇见一位朋友，像往常一样询问有什么新闻。朋友告诉他，拿破仑军队又打败了普鲁士。贝多芬愤愤地指着法国驻军说："如果我能够像一个将军那样懂得战术，如同我是个作曲家懂得对位法一样，那我就要给你们点颜色看看！"

以后的几年间，奥地利暂时出现了和平的局面，这对贝多芬的作曲工作比较有利。与此同时，贝多芬的健康状况也不错，他的耳疾没有恶化。在艺术方面，他还能够得到第一流的乐队和著名的独奏者演出他的作品。这时候，乐器的制造技术也有很大的改进。例如，当时的钢琴比莫扎特时代的羽管键琴音色更为丰富，音域也宽得多，而听众也比以前更快地接受新作品了。但是，贝多芬仍然担忧一件事——经济问题。为了专心从事创作，他希望谋得一个职位获取固定的收入。1807 年，他向维也纳皇家剧院提出请求，未得到答复，他想开一场义演音乐会，也遭到了拒绝。这一切使贝多芬非常恼怒，他说：“我永远不能和此地剧院那批当权的下流显贵达成什么协议。”于是，他想到匈牙利去。1808 年，普鲁士威斯特法利亚的国王（拿破仑最小的弟弟）邀请他任宫廷乐长，贝多芬同意并准备赴任。这时，贪图虚荣的维也纳贵族忽然意识到，一旦放走了举世闻名的贝多芬，将对他们多么不利。于是，一些上层贵族被迫请贝多芬提出留在维也纳的条件。然后，有三个贵族签署了条约，保证分别给贝多芬一部分年薪，确保他的生活与创作，并允许他外出旅行。这样，贝多芬留在了维也纳。

贝多芬继续孜孜不倦地写作。他的作品以惊人的速度源源不断地涌现出来。他写了《第四交响曲》（Op.60）、《第五交响曲》（Op.67）、《第六交响曲》（Op.68）、《第四钢琴协奏曲》（Op.58）、《第五钢琴协奏曲》（Op.73）及《D 大调小提琴协奏曲》（Op.61），等等。

1809 年，在法国军队第三次逼近维也纳城的时候，奥地利皇室和贵族纷纷撤离。贝多芬的资助人大都跟着宫廷走了，他孤苦伶仃地留在这里，维也纳的生活又变得艰苦了。贝多芬在给朋友的信中写道："我们在维也纳缺钱，因为我们比往常需要多一倍的钱。这可恨的战争！"在另一封信里又说："整个事件（指法军占领维也纳）的过程影响了我的身体和灵魂。军税从今天开始征收。我的周围是怎样一种骚乱、疯狂的世道啊！到处是军鼓、大炮、士兵和各种各样的苦难。"尽管如此，他仍然没有停止写作。在这之后的几年间，他将他炽热的爱国热情，对人民苦难的深刻感受和坚信民主、自由终将胜利的思想，通通化作音乐，谱写成一系列以反拿破仑侵略为题材的音乐作品。

1812年夏，贝多芬在波希米亚的矿泉避暑地泰普里茨和德国文豪歌德相遇。他们两人一起愉快地度过了一个月，彼此都留下深刻的印象。歌德写信给妻子说："我从来没有见到一个艺术家比他更沉默寡言、充满精力和真诚。我很理解为什么他对世界的态度这样独特。”他还对别人说:“贝多芬的天才使我惊奇。可惜他是一个桀骜不驯的人物。”显然，歌德对贝多芬很尊敬，但对他的性格很不习惯。贝多芬一向敬重歌德，从小就读过他的作品，把他看作德国最伟大的民族诗人之一，并为歌德的诗歌谱写过好几首歌曲。就在这次会面的前一两年，他还成功地为歌德的戏剧《埃格蒙特》配乐。这次会面后，贝多芬说:“我们的会面使我多么快乐啊！我情愿为他而死，必要的话愿为他死十次！”“他是生气勃勃的，他要我们人人都同他一起生气勃勃。”但是，歌德对上流社会的过分殷勤，却使贝多芬不能容忍。贝多芬说:“歌德过于喜爱宫廷的气氛，这对于一个诗人来说是过分的。”据说，有一天，他们两人一起散步，皇室人员簇拥着皇帝迎面走来。歌德很快退到路旁，恭敬地摘下帽子，鞠躬等候人群过去。贝多芬却把帽子往下一拉，双手背后，大踏步地从人群中走过。

拿破仑的对外侵略战争使得欧洲各国不断

进行反抗。1813 年，德奥人民展开了声势浩大的解放战争，取得节节胜利，而各封建君主则利用人民的力量，进一步对法国进行报复。1814 年，第六次反法联军进入巴黎，拿破仑被迫退位。这时，维也纳城到处充满了欢乐。贝多芬早在 1811 年就写好了《第七交响曲》（Op.93）和《第八交响曲》（Op.94），等待迎接民族解放战争的胜利。1813 年 10 月，当拿破仑侵略军在莱比锡的大会战中被歼灭时，他兴奋地在笔记本上写道："为莱比锡的 10 月写一首民族歌曲，每年都演奏它。"后来，作品写出来了，不过不是一首歌曲，而是戏剧音乐《莱奥诺拉·普罗哈斯卡》——一部歌颂为争取自由而牺牲的女战士的话剧配乐。

反法联盟的各封建君主国将要在维也纳举行会议进行战后的分赃，会议期间要举行豪华的庆典，演出戏剧和音乐。权贵们这时想起了贝多芬，贝多芬忙碌起来了。从 1813 年底开始，他的《第七交响曲》《第八交响曲》，以及被遗忘了多年的歌剧《菲岱里奥》不断上演。他忙着修改歌剧，安排各种音乐会，不停地为演奏他作品的乐队改编作品，还要创作供维也纳会议参加者娱乐的作品（如《光荣的时刻》等）。当贝多芬的《第七交响曲》《第八交响曲》演出后，在他被捧为“欧罗巴的光荣”“最伟大的音乐大师”的时候，有一点他是清醒的：他跟封建君主、封建制度是不相容的。在给布拉格一位朋友的信中他写道：“我不想跟你讲任何有关我们的君王们和诸如此类的事情，或者有关我们各国的君主政体等事，……我更喜欢的是思想的帝国，这对我来讲，比任何精神和世俗的王国更为高贵。”他的“思想帝国”就是他已经追寻多年的理想王国。

在这一时期，经济问题仍然是使贝多芬感到头痛的问题。贝多芬为了得到贵族应给的年薪，历尽麻烦，经常处在不安的状态之中。贝多芬表面上越来越有名气，但他却不得不忍受着贫困。在一篇日记中，记载着他当时的困境，他写道：“觉得自己能够做伟大的事业而没有完成它；我指望着生活有保障，而可怕的环境却使我丧失了这种生活。……啊，天啊！可怜可怜不幸的贝多芬吧！”然而，他仍然没有屈服，他又一次扼住了命运的咽喉。他说:“一个人的精神，一个活跃的创造的精神，绝不应当受制于可悲的、穷困的生活。”他仍然决心“为人类的痛苦而写作”。

创作危机时期和晚期

（1815~1827）

喧嚣的维也纳会议过去了，各国君主重新瓜分了欧洲。人民以惨重的牺牲换来的民族解放战争的胜利，现在又陷入水深火热之中。面对黑暗的、倒退了的社会现实，贝多芬难过地说："多么可怜的情况！在1813年以前要好得多。贵族在奥国又找到了立脚点，而共和国的精神在满是尘埃的角落里腐朽了。"他的心情极为沉重。在一封信中，他告诉朋友说："至于我，我的健康久已损耗。在这方面，我们国家的状况也曾起了不小影响，而这个状况如今看不出好转的希望，相反的是每况愈下了。”

这位正直的艺术家再也不能容忍了，他的不满，一定要表达出来。于是，他在朋友圈子里、在穷艺术家聚集的地方，毫无顾忌地发表自己的意见。他骂维也纳当局和贵族，他说：“这里人们做事的方法也太卑鄙了，不能再糟了。从上到下，个个都是无赖。谁都不可靠，谁也不信守诺言。……他们要人家工作，可是付钱就像施舍给乞丐似的，甚至不付足约定的数目。”他骂权贵和富豪，说他们“不愿意为艺术和其他良好事业做什么事，因为他们对这些事一点也不懂。”他把奥地利政府骂得体无完肤。他指着皇帝的画像说：“像这个家伙，应当首先吊在第一棵最好的树上。”他像当时许多进步的知识分子一样，开始怀念拿破仑。当他看到沃尔特·司各特著的《拿破仑传》的出版预告时，感慨地说：“拿破仑！以前我不喜欢他，现在我的想法很不同了。”他以极大的兴趣阅读英国国会的记录，甚至热切地想到英国去，希望能看看英国的众议院，因为他认为君主立宪制要比德国的封建制度强。关于未来，他毫无顾忌地说："五十年内，世界上到处都将有共和国。"面对充斥维也纳的靡靡之音，贝多芬气愤至极。他说："事实上，现在没有人了解什么是善的、强的，什么是真正的音乐。"在给朋友的信中，他写道："最优秀的艺术已经处于危险的境地。贵族们除了看芭蕾舞以外，什么也不看；除了赛马和舞女以外，什么也不喜欢。"他不肯随波逐流，不肯为迎合庸俗的趣味而写作。他说："我不去理它。在未来，我只想为我自己的乐趣而创作。"他在自己的札记上写着："人要有自己的准则，一如国家之有宪法。"

这时，贝多芬的耳朵几乎完全聋了，同别人交谈时，只能请对方把话写下来。到他去世时，他的谈话册有数百本之多。可惜，由于他胆小怕事的助手安东·申德勒在他死后毁掉了大部分谈话册，使我们今天能够了解的内容太少太少！

贝多芬的晚年是非常凄凉的。他一生没结婚，无妻室儿女。过去，那些欢迎他到维也纳来的开明绅士们，在这几年的动乱中都杳无音信。他青年时期家乡的好友们，也都不在身边。他痛苦地写道:“我没有一个朋友，我孤零零地在世界上。”生活的折磨又一次向他袭来，这次，是为了他的侄子。贝多芬的大弟弟1815年去世了，留下一个九岁的男孩卡尔交给贝多芬抚养。孩子的母亲是个轻浮的女人，贝多芬为了从她手里争得教育和抚养孩子的权利，花了四年半的时间打官司、争吵、写信，陷入没完没了的各种诉讼案中。最后官司打赢了，但贝多芬又为母亲同孩子见面的问题、孩子的教育问题等操心劳神。然而，卡尔却越学越坏，他娇惯、懒惰、说谎、赌博……这些都大大地伤害了心地善良的伯父。1826年，卡尔又企图自杀，他自己没死，反倒使贝多芬一蹶不振。贝多芬的学生曾提到，这位音乐家立刻衰老得像七十岁的老人。

国家可怕的状况，社会的黑暗、经济的萧条、艺术的堕落，加上家庭的不快、健康的恶化和生活的贫困，这种种因素使得贝多芬在最后十年间，处在深深的危机之中。他的创作力被沉重的现实压抑着，以致使他很少写作。他苦闷、彷徨，却仍在不停地思索，继续探求自己的理想。他研究民歌，并说：“追求民歌比起那些卓越的英雄们追捕人要好些。”他研究在当时还寂寂无闻的巴赫的作品和他无比尊敬的亨德尔的创作，因为这两位作曲家奠定了德国古典音乐的基础。他还关怀年轻的音乐家车尔尼、韦伯、李斯特等人的成长。

经过四五年的“沉默”，从 1818 年起，他又开始写作了。他的最后几部钢琴奏鸣曲（Op.106、Op.109、Op.110、Op.111）、弦乐四重奏（Op.127、Op.130、Op.131、Op.132、Op.135）、《第九交响曲》（Op.125）和《D 大调庄严弥撒》（Op.123）等作品相继完成了。晚期的这些创作都反映了这位大师经历了创作危机和曲折复杂的斗争之后思想变得越来越深刻。这些作品鲜明地体现了他是一个不知疲倦的“斗士”，为了“自由、平等、博爱”的理想战斗不息。这时期，在他的札记中写着这样一句话：“卓越的人的一大优点是：在不利与艰难的遭遇里百折不挠。”

岁月不饶人，他衰老了，生病了。1826 年 11 月，为了侄子卡尔的事，他拖着病体到富有而吝啬的小弟弟约翰的庄园去，受到了冷遇，被迫乘着敞篷的马车在隆冬的天气中返回维也纳。他的病情因此而恶化，一连做了四次手术。在病榻上，他仍在计划着、幻想着，希望还能继续创作，可是他的生命即将走到尽头。1827 年 3 月 26 日，这位大师停止了呼吸，身边没有一个亲人。

在当时人口不多的维也纳，两万人自发地参加了他的葬礼。这位德国伟大的音乐家去世了，但他的音乐至今仍不断地回响在世界各地。

二、贝多芬的作品

作为一位伟大的作曲家，贝多芬以深刻、犀利的眼光，敏锐地把握住了时代和社会的本质。他的创作反映了人类的苦难、斗争和希望，表现了具有深刻社会意义的内容。

贝多芬是一位富有创造性的作曲家。他在自己的作品中，把在当时具有进步意义的思想跟高尚的感情紧密地结合起来，通过严密的结构形式和富有感染力的艺术手法，用音乐表达出来。他非常忠实、自觉地继承了德国优秀的音乐传统，同时，又大胆地突破了前人的经验，在音乐艺术的创作中有许多创新，推动了音乐创作的发展。

在各种音乐体裁中，贝多芬比较善于写作器乐作品，尤其是善于写交响乐、钢琴和器乐重奏等作品。

贝多芬是一位多产的作曲家。他的主要作品有：九部交响曲，三十二首钢琴奏鸣曲，五部钢琴协奏曲，一部小提琴协奏曲，一部歌剧，两部大型的弥撒曲，大量的室内乐作品、钢琴变奏曲、管弦乐序曲和戏剧配乐，还有一些声乐作品，等等。下面分别作简略介绍。

钢琴奏鸣曲

钢琴奏鸣曲是欧洲古典音乐中常用的一种大型的、多乐章的钢琴作品结构形式。这种乐曲形式经过二百多年的演变，形成了自己的特殊结构。在海顿、莫扎特时代，钢琴奏鸣曲往往由三个或四个乐章组成。这些乐章的安排大体上是：第一乐章——快板，第二乐章——慢板，第三乐章——快板（共三个乐章）；或是第一乐章——快板，第二乐章——慢板，第三乐章——小步舞曲，第四乐章——快板（共四个乐章）。在速度上，各乐章之间形成了快—慢—快的对比。

按照常规，钢琴奏鸣曲的第一乐章大都采用奏鸣曲式的结构，比较复杂。一般来说，它包括三大部分，即呈示部、展开部和再现部。呈示部主要包括主部和副部。主部、副部的音乐形象常常是互相对比的。呈示部将这些形象不同、互相对比的主题展示出来，由展开部将其加以展开，然后进入再现部。再现部在音乐上一般是呈示部材料的重现，从而使乐曲达到最后的统一。如果用图式表示，奏鸣曲式常见的主要结构是这样的：

	呈示部		展开部	再现部	
主题：	‖:主部（**A**）	副部（**B**）:‖	对呈示部材料加以发展	主部（**A**）	副部（**B**）
调性：	主调	属调	转调	主调	主调

在钢琴音乐方面，尤其在钢琴奏鸣曲的发展中，贝多芬是有突出贡献的。他年轻时是个出色的钢琴家，尤其擅长即兴演奏。在钢琴音乐的创作上，他特别重视钢琴奏鸣曲的创作，把它摆在同交响曲一样重要的地位上。他的老师和前辈作曲家海顿、莫扎特等人，大都把钢琴奏鸣曲当作

教学用曲，但是贝多芬却把它当作艺术表现的重要手段。他将自己的思想感情倾注于钢琴奏鸣曲的创作中，并通过这种形式大胆地表达了自己对时代和社会的认识。

为了达到这个目的，他要求钢琴奏鸣曲具有更富戏剧性的音乐效果。他不仅扩大了钢琴的演奏音域、增强了力度的对比、提高了手指的技巧，而且还加强了奏鸣曲式结构内部的对比因素，并扩大了展开部的矛盾冲突和发展的动力，使得他的钢琴奏鸣曲远远地超过了前人，创造了自己独特的音乐风格。由于贝多芬对钢琴奏鸣曲的卓越创造与贡献，使钢琴作品的创作水平得到了很大提高。可以说，贝多芬的钢琴奏鸣曲在钢琴作品的发展中，是一座重要的里程碑。

《悲怆》

这首c小调钢琴奏鸣曲（Op.13）作于1798~1799年，是贝多芬二十几岁时创作的。其标题《悲怆》是他自己起的法语曲名，含有悲壮、感情强烈的意思。

贝多芬从青年时期起，就被生活的旋涡一次次地冲击着。他遭受过各种曲折和不幸——早年丧母、贫困、失学、抚养弟弟和照顾父亲的生活……，这些生活重担过早地压在了他的肩上，而且在他还不到三十岁时，就患了严重的耳疾。

钢琴奏鸣曲《悲怆》正是在这个时期写的。

乐曲第一乐章是用传统奏鸣曲式写成的，但是开头加了一个很长的引子。其深沉的、带有附点的小调和弦，听起来非常沉闷，像是人们在令人窒息的黑暗社会中得不到喘息一样。

谱例 1

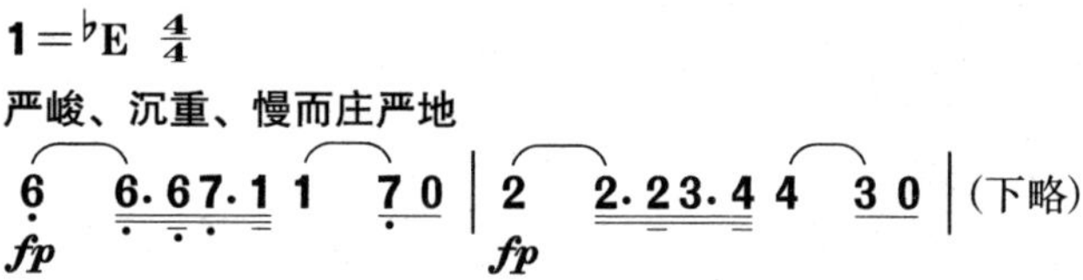

而后，呈示部的主部主题以激动紧张的情绪，从低音区冲向高音区，猛烈地抗争着、咆哮着，犹如乐曲的主人公“扼住命运的咽喉”，爆发出愤怒的呼声。

谱例 2

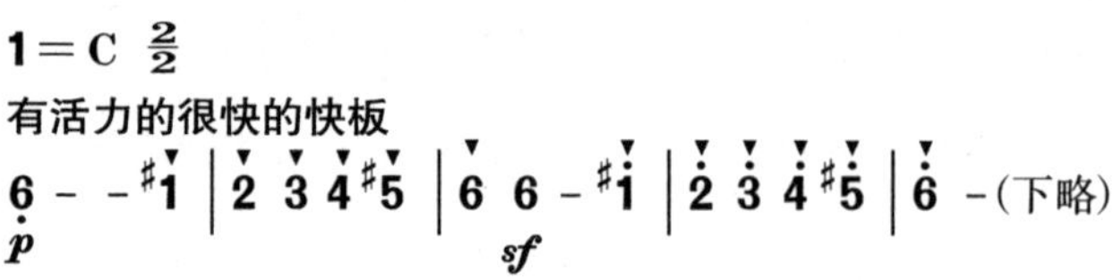

在这个乐章里，作曲家心中的郁闷、愤怒和不甘于现状的思想感情得到了充分表现。

第二乐章的慢板悠然、恬静。它的感情十分深厚，像是作者在倾吐对生活的无限热爱。

第三乐章的情绪比较乐观、欢快。贝多芬把这个末乐章写得比较积极向上，不仅是因为他继承了传统的写法，更主要是因为他的这首乐曲的思想感情，既有着愤世嫉俗的一面，也有着他对未来抱着赤诚的希望的一面。

《悲怆》的三个乐章富有逻辑性的发展，出色地反映了贝多芬从早年开始，就以顽强的精神对待生活带给他的各种不幸和痛苦。他从青年时期起就勇敢地正视现实，不停地在斗争中争取自由与幸福。

《月光》

这首奏鸣曲（Op.27，No.2）作于1801年，其标题“月光”二字，据说是德国诗人海因里希·雷尔斯塔布听了该曲后使他想起卢塞恩湖上的月光而取此名。其实，这个标题虽有诗意，却很不恰当。贝多芬自己称这部作品为“幻想曲”，一方面是因为它的第一乐章未采用通常的奏鸣曲式，而且它的音乐素材运用得非常自由；另一方面，因为这首乐曲表现了贝多芬对生活的幻想和探索。这首奏鸣曲大胆地改变了传统奏鸣曲的写法，它的第一乐章是慢板，第二乐章是小快板，第三乐章是快板。全曲的速度由慢变快，情绪也一步比一步热烈。第一乐章右手用均匀的三连音缓慢地奏出分解的三和弦，配合着左手来回移动的低音，情绪显得十分沉重、压抑。第二乐章用一首小步舞曲作为简短的过渡和情绪上的转换，为情绪激昂的第三乐章的出现作准备。第三乐章是全曲的高潮，这个乐章里出现了贝多芬式的冲动和抗议的音调，情绪紧张而激烈，其主部自下而上的快速音型，表现了异常激动甚至愤怒的感情。

谱例 3

1＝E $\frac{4}{4}$

急板　激动地

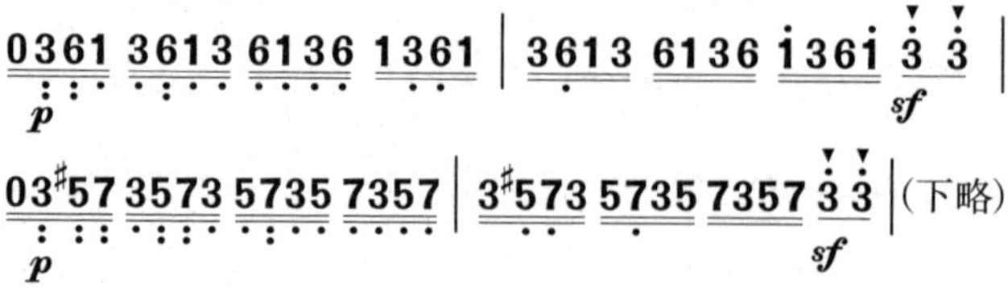

其副部也有着坚毅的性格。

谱例 4

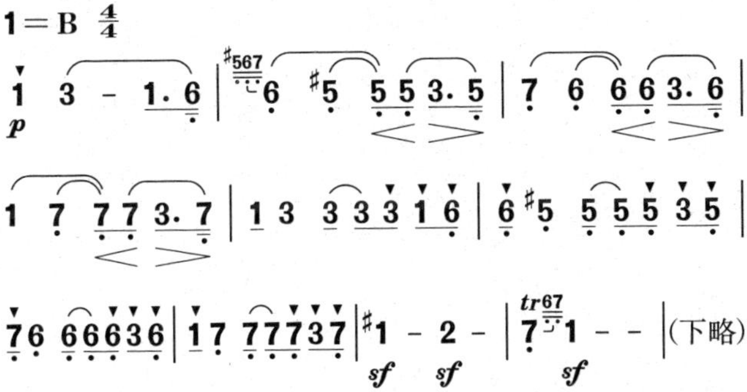

不过，副部很快被主部那富有戏剧性的主题所吞没。

钢琴奏鸣曲《月光》的三个乐章，作为一个整体，有着内在的联系：从不平静的思索到激昂的行动。最后，乐曲结束了，但问题尚未得到最终的解决——贝多芬好像仍然处在深刻的思想斗争之中。

《黎明》

这首作品作于1803~1804年，它的初稿和第三交响曲《英雄》写在同一个创作本子里，几乎是同时创作的。当时，贝多芬常到驻维也纳的法国大使馆去，听到了各种闻所未闻的新鲜事物，被新的时代强烈地吸引和感动着。在这首奏鸣曲中，他写出了清新而充满激情的音乐形象。有人给它起了《黎明》的标题，应该说是比较贴切的。

这首奏鸣曲的第一乐章用奏鸣曲式写成。它

的主部那快速、整齐、跳跃的和弦音型，由弱到强，不断变换着色彩，充满了活跃的气氛，好像在生机勃勃的自然界中，万物滋生、蒸蒸日上。

谱例 5

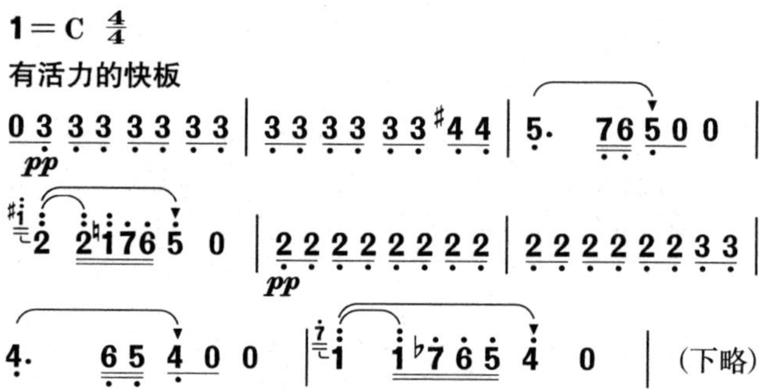

第一乐章的副部转到了远关系的 E 大调上，使音乐的色彩顿时产生了新鲜的效果。贝多芬有意识地使用这个手法来增强主部和副部之间的对比。

谱例 6

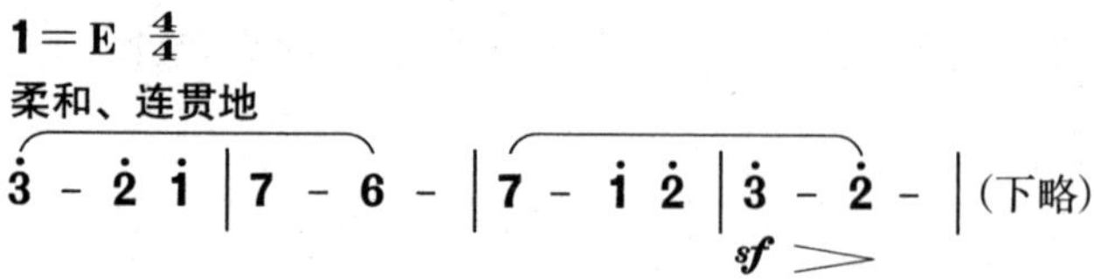

这个乐章的情绪一层层推进，不断趋于高涨，充满了积极乐观的情绪。

第二乐章叫作“序奏”，非常简短。它的音域宽广、诗意浓郁，使人联想到大自然的魅力。

第三乐章是一首回旋曲，是表现充满浓郁生活气息的民间舞蹈场面。它的主题取材于一首流传了数百年的莱茵河民歌：

谱例 7

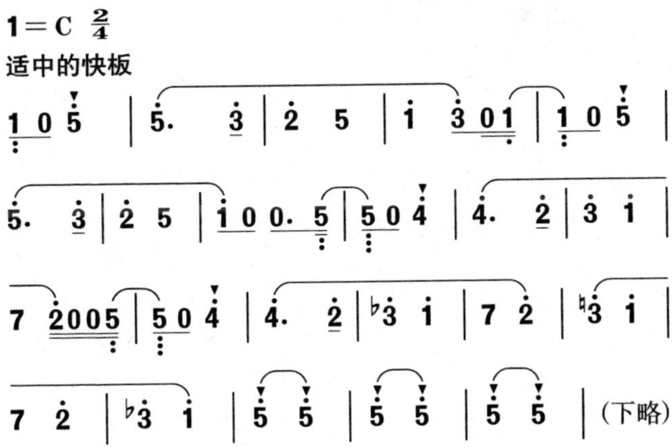

这个朴素的旋律经过贝多芬匠心独运的创造性发展，变得欢腾热烈，充满了朝气。

贝多芬的许多作品，从客观上反映了正在上升的资产阶级那雄心勃勃、准备驾驭未来的信心与精神状态。这首钢琴奏鸣曲就是其中生动的一例。

《热情》

钢琴奏鸣曲《热情》[1]同《黎明》几乎同时开始写作，完成于1805年，但它和《黎明》相比，又具有迥然不同的特点。这是一首规模宏大、气势磅礴的作品，从另一个角度反映了贝多芬对时代的感触和认识。这首奏鸣曲所表现的悲剧性之深刻、矛盾冲突之激烈、斗争精神之顽强，是在贝多芬和他前人的同类体裁的作品中罕见的。

① 标题《热情》据说是出版者所加。

因此，它成为钢琴奏鸣曲创作历史上的一部经典作品。

《热情》奏鸣曲第一乐章主部在 f 小调上出现。主题下行和上行的分解和弦音型，像是阴暗的、幽灵般的影子在徘徊，不断地向生活提出质疑。

谱例 8

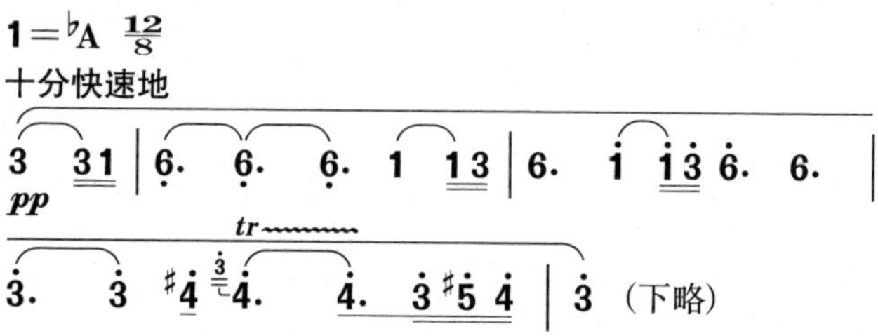

左手部分还不时地出现像《第五交响曲》的主题音型“ 0 X X X | X ”。当主部主题第二次演奏时，采用了切分的节奏，使之包含了强劲的力量。

副部主题是和谐优美的音乐，出现在降 A 大调上，音乐形象显得坚定而充满信心。

谱例 9

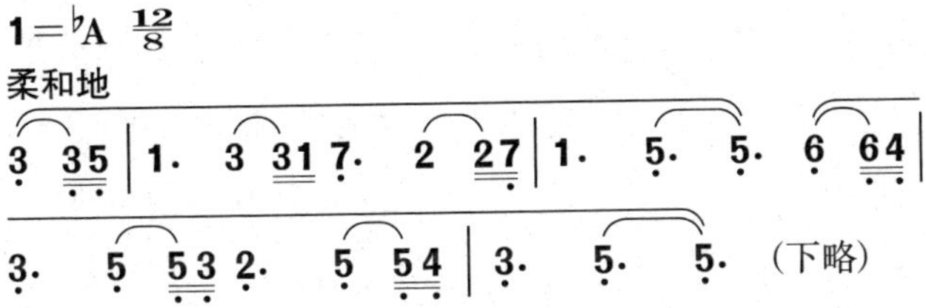

结束部用右手不断变化的快速音型，同左手不时出现的代表“命运”的音型两者结合在一起，进一步形成了紧张和愤怒的情绪。

第一乐章的展开部将主部主题的材料加以发展，在展开的过程中转到了大调上，因而其疑问性的音乐形象变得坚毅起来。展开部也发展了副部的主题，使它更为深沉。这样，主部和副部不但在调性上、形象上，而且在情绪和性格上都彼此接近了。整个乐章表现了作者思绪的起伏和内在的意志，它提出了对现实社会的质疑，并希望得到解决。

第二乐章是一首变奏曲，这种形式就是在一个基本主题陈述后，加上几次变化的重复或展开。贝多芬在这个慢板乐章里，写了一个端庄的和弦进行式的曲调作为它的主题，继续表现了作者深刻的思考。在它的几次变奏中，把主题的形象有时写得十分亲切美好，有时还带有幻想的色彩。最后，音乐又回到最初的沉思中去。

第三乐章在五小节强有力的切分节奏之后，出现了力量充沛、势不可挡的音乐。它由右手弹奏的快速流动的音型和左手短促果断的节奏音型构成，犹如烈马奔驰、风暴席卷，表现了时代的潮流奔腾向前、一泻千里的气势。

谱例 10

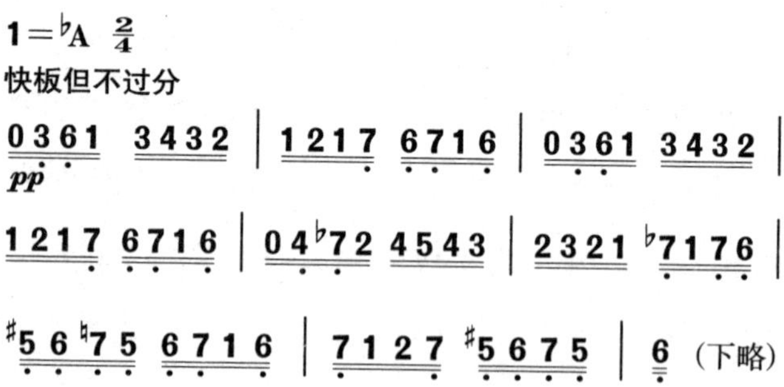

在这里，前几个乐章的思考和疑问的形象已经消失，乐观主义和果敢的精神得到了增强。这种充

满信心的情绪随着音乐的发展，最后落到了尾声的一段急板上。它的音乐中斩钉截铁的节奏和雄壮有力的音调，更增强了乐曲欢乐的气氛，全曲在热烈的情绪中结束。

这首乐曲通过完美的艺术形式，充分地表现了成熟时期的贝多芬的创作水平。这部作品表达了贝多芬对他生活的时代和社会有着各种复杂的体会和不满，但是，他以无比巨大的热情，寄希望于新的未来。

协奏曲

协奏曲意为“协同演奏”，多指一件（多件）独奏乐器与乐队相抗衡的作品。协奏曲发展的早期形式为“大协奏曲”，在17~18世纪最为繁荣，由管弦乐队和一组独奏乐器相互竞奏。在结构方面，这些协奏曲大都采用多乐章的形式。从莫扎特开始，协奏曲所采用的曲式结构大多数同奏鸣曲一样，一般有三个乐章（快—慢—快）。协奏曲的第一乐章也通常用奏鸣曲式。其中，呈示部出现两次：先由乐队在主调上不完全地演奏一遍，然后再由独奏乐器和乐队在属调或关系调上完整地演奏。再现部之前，往往有一段“华彩乐段”，这是专门给独奏乐器展现技巧的段落。有些华彩乐段由演奏家自己写作，有些由作曲家写作。

《降E大调第五钢琴协奏曲》

这首协奏曲作于1809年，正是贝多芬创作最旺盛的时期，也是在拿破仑战争期间。虽然它没有标题，但是一般人们认为它的内容与贝多芬这个时期的反侵略的思想不无联系。协奏曲中英雄性的主题与作者有意识地将抒情段落置于次要地位的处理手法等，都能够使我们产生这样的联想。

第一乐章开始，由乐队奏出一个强有力的和弦，随后是钢琴简洁的华彩性的序奏。接着，由乐队先后奏出了呈示部的两个主题，其中主部主题庄严雄壮，很有气魄：

谱例 11

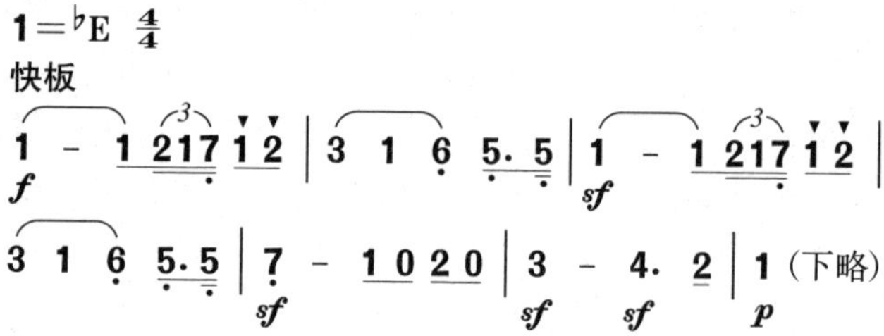

副部主题短促有力，犹如号角声。它同主部主题没有明显的对比，而是更生动、更有表现力，是对主部主题的补充。

谱例 12

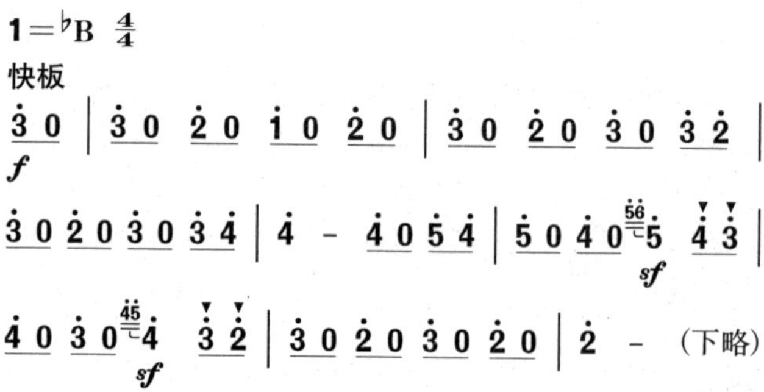

在第一乐章，音乐得到巨大的发展与展开。这是

贝多芬写的协奏曲中规模最大的一个乐章。整个乐章自始至终充满着活力。

第二乐章是一首优美、抒情的慢板乐曲。它的结构比较短小，音乐主题和谐、幽静，带有文雅的气质。

谱例 13

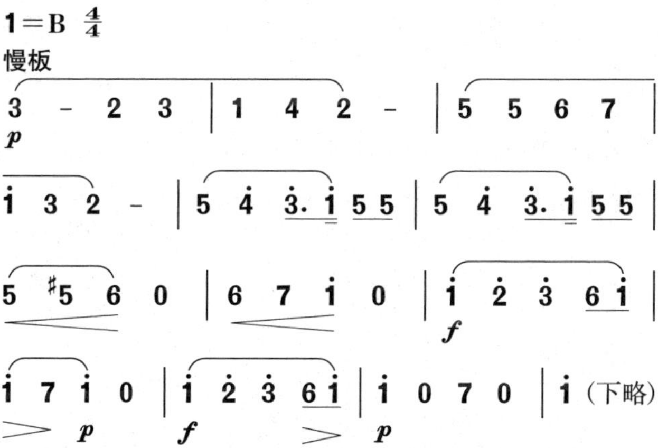

它表露了作者对宁静的和平生活的向往。

由第二乐章向第三乐章过渡的乐段，是一个在配器手法上比较著名的段落。这里由三种木管乐器——长笛、单簧管和大管在不同音区不断地重复乐章的主题。钢琴用起伏波动的织体轻声地伴奏，主题的音量由大变小，声音由高到低，渐渐消失，直到剩下一个八度为止，再由圆号紧接着奏出同一个八度的长音。然后，钢琴奏出一段犹如星光闪烁的尾声，音乐便直接转入第三乐章。在这一段音乐中，乐器之间的相互配合和转换非常自然、协调。

第三乐章是回旋曲，它的主题一开始便由钢琴奏出。这是一首欢乐、跳跃的舞曲。当它由整个乐队演奏时，产生了群情激奋的效果，象征着胜利：

谱例 14

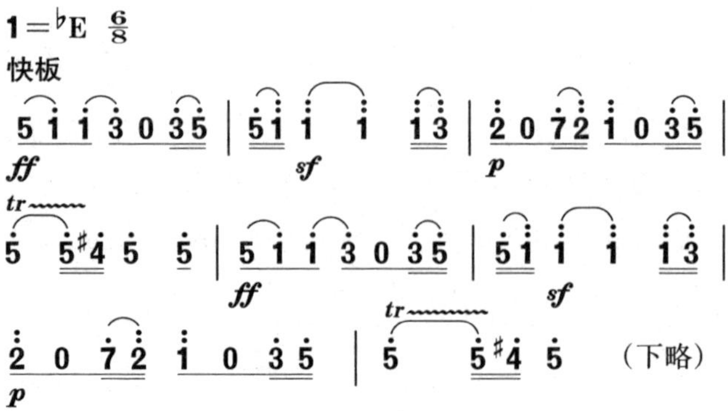

1812年2月，贝多芬的学生车尔尼第一次在维也纳演奏这首作品。据说，听众中有一名军官听了以后热情地喊道:“这是皇帝！”从此，人们便把这首协奏曲称为《皇帝》。其实，它的内容与“皇帝”毫不相干。乐曲曲折地表现了贝多芬对人民终将战胜侵略者而取得最后胜利的信心。

《D大调小提琴协奏曲》

1805年，贝多芬由于花费了很多心血写成的歌剧《菲岱里奥》的演出没能获得预想的成功，他的心情很不好。再加上这时他再次失恋，耳疾也有所加重，因此很少写作。但是从1806年春开始，他又一次克服了“命运”的挑战，重新投入创作。这年夏天，他到利奇诺夫斯基在郊外的庄园去避暑，健康和心情都有所好转。他一连写了三首弦乐四重奏（Op.59）、《第四交响曲》和气势宏伟的钢琴奏鸣曲《热情》

等。《D 大调小提琴协奏曲》也是在这年夏天写成的。

这是贝多芬创作的唯一的一首小提琴协奏曲。它完成得很快，1806 年 12 月便由小提琴家弗朗茨·克莱门特演出，获得了成功。它的旋律优美动听，充满了愉快的情绪。长期以来，它成为全世界各国的小提琴家经常演奏的作品之一。

这部协奏曲的第一乐章由感情充沛的进行曲开始，伴随着定音鼓的敲击声。音乐既雄壮有力，又柔和动听。

谱例 15

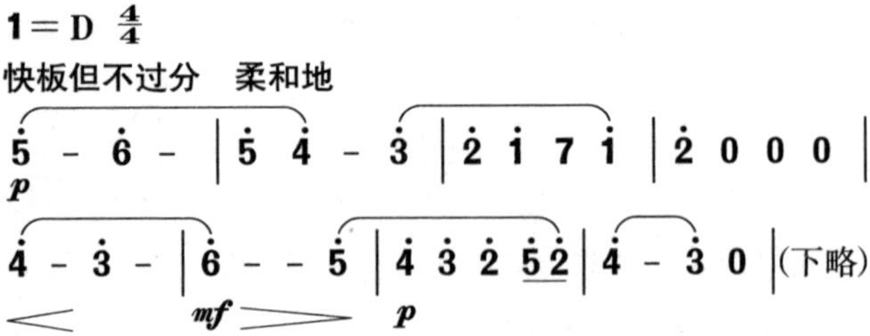

副部的主题流畅、舒展，富有歌唱性。

谱例 16

1＝D $\frac{4}{4}$

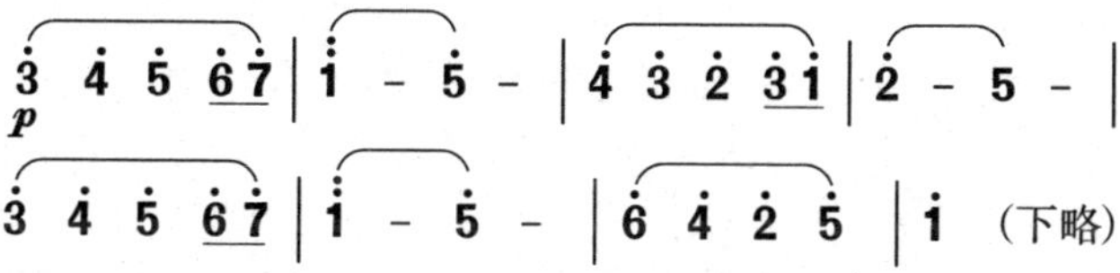

由于小提琴悠扬的音色及乐队的密切配合与呼应，使得这个乐章的音乐十分富有魅力，给人以美的享受。

第二乐章是小广板，速度徐缓、力度很弱，主要由乐队奏出安静、柔美的旋律，而小提琴独奏则在上面加花装饰。最后，由一个简短的华彩段落直接引出第三乐章。

第三乐章是一首回旋曲，有着欢乐、明快的音乐主题，像一首民间舞曲。其节奏鲜明，旋律活泼、跳跃。

谱例 17

1＝D $\frac{6}{8}$

小快板

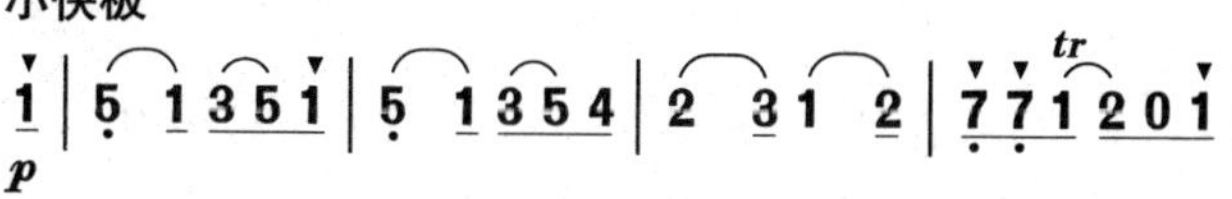

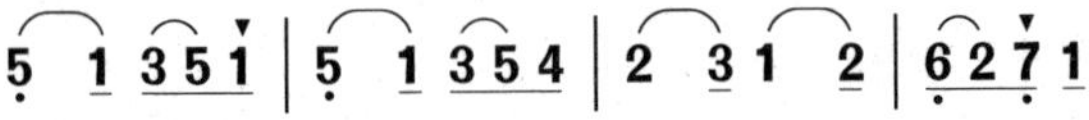
（下略）

乐曲中的每一插部都由小提琴奏出不同的、热情奔放的旋律，与主题相对比。

在这首小提琴协奏曲里，贝多芬以通俗易懂的音乐语言塑造了音乐形象，表现了他对善良、纯洁、高尚的道德的歌颂。

交响曲

交响曲通常是指是由管弦乐队演奏的奏鸣套曲。它同奏鸣套曲差不多同时于18世纪末形成，并在海顿、莫扎特时期得到了充分发展。那时候，交响曲大体确立为三个或四个乐章的形式。贝多芬在交响曲的发展方面有着巨大的贡献。同他的钢琴奏鸣曲一样，他有意识地用交响曲表现深刻的、富有哲理性的思想内容与社会题材。因此，他拓宽和加强了交响曲的题材范围和表现力。同时，他又对交响曲的艺术形式方面做了创造性的发展。

Erlkönig. Compositions-Skizze von Beethoven.

Genaue Nachbildung der im Besitze der Gesellschaft der Musikfreunde zu Wien befindlichen Originalhandschrift.

《第三交响曲》（《英雄》）

贝多芬从青年时代开始，就不断地追求民主、自由的理想。1803 年，他在与法国公使波拿道特的交往中，对法国大革命增加了不少感性的认识。在波拿道特的建议下，1803 年，他写了一部交响曲，并且就用拿破仑的名字，定名为“波拿巴交响曲”。在乐谱的封面上，还写着：“为纪念一个伟大的人物而作。”贝多芬把拿破仑看作革命的象征，在这部交响曲里倾注了他对资产阶级革命的全部热情。乐曲完成后，1804 年拿破仑宣布自己为法兰西帝国的皇帝。贝多芬听到这个消息后非常愤怒，认为拿破仑“玷污”了革命的神圣事业，背叛了人民。他将乐谱的封面撕得粉碎，说：“原来，他不过是一个凡夫俗子！现在他要践踏人类的一切权利，来实现自己的野心。他要高居于一切人之上而变成一个暴君了！”于是，他把交响曲的标题改成了“英雄”二字。

在这部规模宏大的作品里，贝多芬以他心目中的英雄为对象，抒发了他对英雄主义精神的热情颂扬。

第一乐章开始，在两个有力的和弦之后，出现了主部的主题。它的开头是这样的：

谱例 18

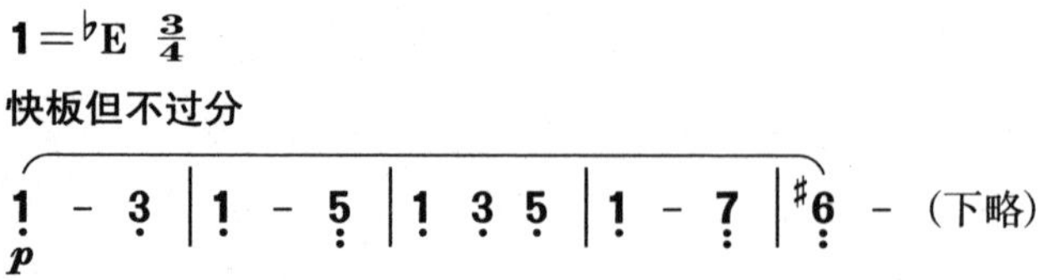

它由大提琴奏出，并且伴随着其他弦乐所奏的不

平静的背景。由于这个主题强调了军号式的“**1 3 5**”三个音，加上背景中不安的气氛，因而在乐曲一开始，就使人预感到它所要反映的是不平凡的内容。呈示部的副部主题既有坚定的一面，又有温和抒情的一面。这个乐章像是一座壮观的英雄塑像，又像一幅宏伟的油画。它既有粗线条的勾勒，也有细致入微的描绘，表现了英雄的伟大精神和在战火纷飞的斗争中所树立的丰功伟绩。

第二乐章是一首葬礼进行曲。这是一个创造，因为在过去的交响曲中，用一首完整的葬礼进行曲作为独立的第二乐章还不曾有过。贝多芬采用这样的形式来写作，也是有时代的原因的。在法国大革命期间，有各种群众性的大型活动，如节日的庆典、集会、狂欢，也有为牺牲的烈士举行的葬礼。所以，在音乐方面，葬礼进行曲这样的体裁在当时也得到了发展。贝多芬在他的这部歌颂英雄的交响曲中，运用缓慢的葬礼进行曲作为第二乐章，既非常合乎这首乐曲内容的需要，也非常合乎乐曲结构的安排（通常交响曲的第二乐章都是慢乐章）。他在c小调上用缓慢行进的速度，奏出带有附点音符的旋律，表现了深沉、悲哀的感情。

谱例 19

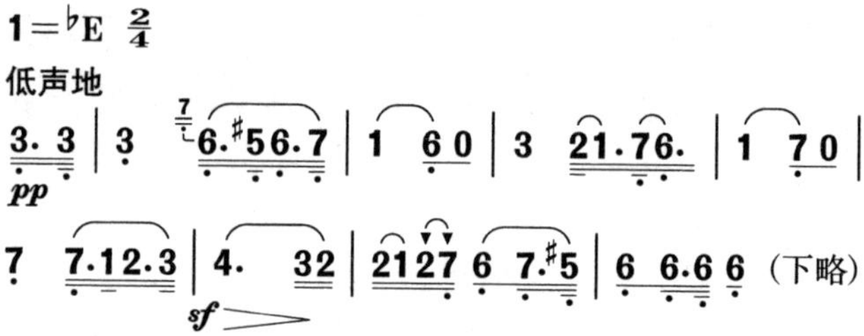

这个乐章的音乐仿佛是表现人们迈着沉重的步伐，把为壮丽的革命事业牺牲的英雄的遗体送往墓地。它的音调具有强烈的时代特征，也具有广泛、深厚的群众性。乐曲所表现的不是个人的哀伤，而是人民群众对他们所敬仰的英雄的沉痛悼念。

在第二乐章的中部，有一大段极有表现力的音乐。它以深厚的感情和动听的旋律，歌颂了英雄所未竟的事业。然后，又回到葬礼进行曲中，直到这个乐章结束。

第三乐章是谐谑曲。它通过急速、奔放的音乐表现了充沛的活力和乐观的情绪。

第四乐章是用变奏曲形式写的一个巨大的终曲。在变奏曲的主题出现之前，有一个短小而热烈的序奏，已经预示了乐曲狂欢的性质。变奏曲的主题，最初由弦乐器拨弦奏出。这是贝多芬十分钟爱的一个主题。他早年曾在芭蕾舞剧《普罗米修斯的生民》（Op.43）的音乐中采用过它。这个主题具有机智、勇敢和果断的音乐性格。

谱例 20

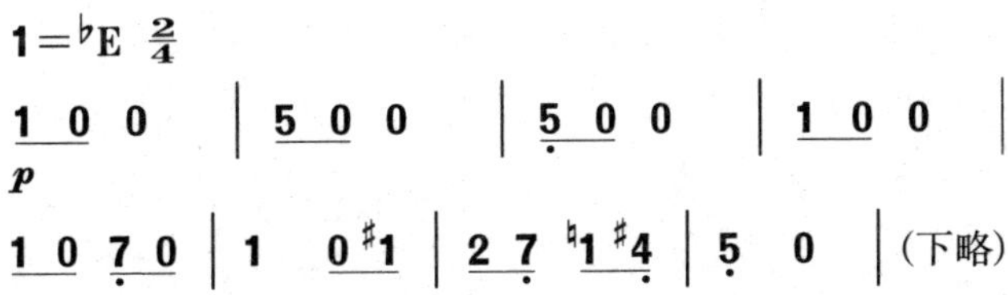

这个主题经过十次变奏，音乐形象得到了发展，情绪也越来越热烈。整个第四乐章就是在这样欢

乐的音乐声中，表现了人民群众的欢乐和喜悦。最后，有一个急板的尾声。它和乐章开始的序奏在材料上和速度上相仿，两者前后呼应，在热烈、沸腾的气氛中，结束了全曲。

《第三交响曲》通篇贯穿了英雄主义的精神，至今仍能给人以巨大的鼓舞。这首作品不仅具有深刻的思想内容，也有新颖大胆的艺术技巧，在当时遭到了各种的非议和批评。一些守旧的人说它“太古怪了”“太令人费解了”“太愚蠢了”。在演出这首乐曲时，甚至还有人从剧院包厢里大声叫喊：“只要他们肯停下来，我就再出一个铜板!”然而，后来事实证明，这部交响曲不但是贝多芬创作走向成熟的一个重要标志，而且是交响音乐发展历史中的一个里程碑。

《第五交响曲》（《命运》）

贝多芬的生活道路充满了坎坷崎岖，他所处的时代又极其复杂多变。但是，他一向面对现实、正视矛盾，相信任何艰难险阻都会得到克服，人类的前途最终是光明美好的。在他死后，人们发现他的札记上写着一句话："通过斗争达到胜利。"贝多芬不仅用这种思想积极地对待自己的生活，用它来观察和认识事物，而且，他的很多作品也都鲜明地体现了这种思想。在他的音乐创作中，他十分强调矛盾的冲突和解决，要求音乐形象在矛盾斗争中得到统一。《第五交响曲》就是这方面的一个突出的例子。

这首交响曲写于1807~1808年。在这首作品中，贝多芬深刻地写出了黑暗势力的猖獗，人类的英勇斗争和最终取得的伟大胜利。整个交响曲包含了发人深思的哲理性。

第一乐章开始，便奏出了一个极其简洁、有力的“命运”动机：

谱例21

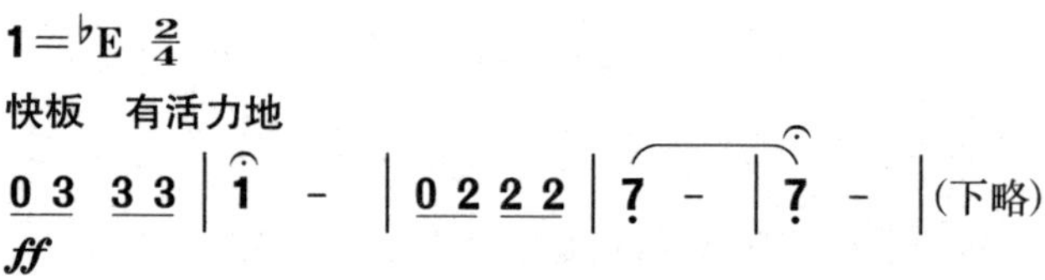

这是呈示部的主部主题。据说，有人曾问贝多芬：“这个主题是什么意思？”他回答说：“命运在敲门。”与这个威严的“命运”主题形成对比的是由小提琴奏出的抒情性主题——副部主题：

谱例 22

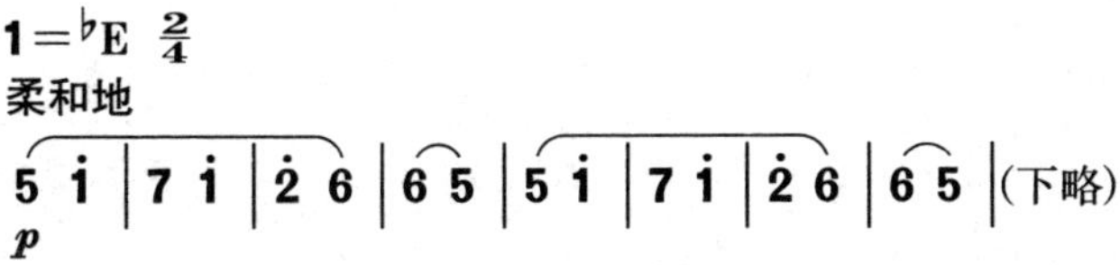

它优美、柔和，有着纯朴、善良的音乐性格，代表着乐曲主人公那纯洁的内心世界。不过，在副部主题中，主部主题仍然不时地出现。这就构成了主部与副部之间尖锐的对峙与矛盾。

在第一乐章的展开部中，起主导作用的始终是主部的主题，即“命运”的“威胁”。它不断发展着、增加着“嚣张”的气焰，形成了不可一世的力量。第一乐章结束时，矛盾尚未解决。

第二乐章是慢板，是一首变奏曲。在这里，作者着重刻画了民众的意志和力量。它的第一个主题由中提琴和大提琴奏出，具有沉思、冥想的特点。

谱例 23

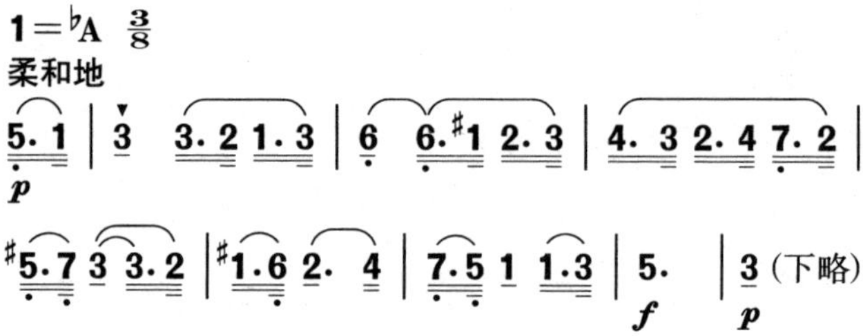

第二个主题则带有英雄的气质：

谱例 24

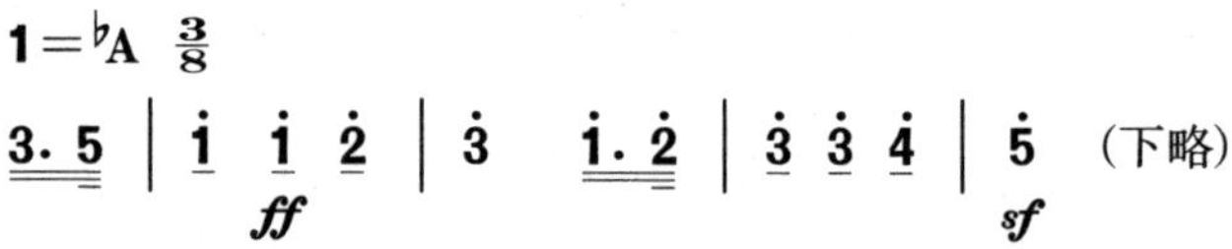

这两个主题经过几次变奏和发展，表现了人们的积极思索和探寻，同时蕴积了斗争的意志和力量。

第三乐章是谐谑曲。在这里，光明的形象同“命运”的形象进一步展开了较量和搏斗。乐章开始，第一个主题的两个句子像是在提出问题，但又有所犹疑。

谱例 25

1=♭E $\frac{3}{4}$

快板

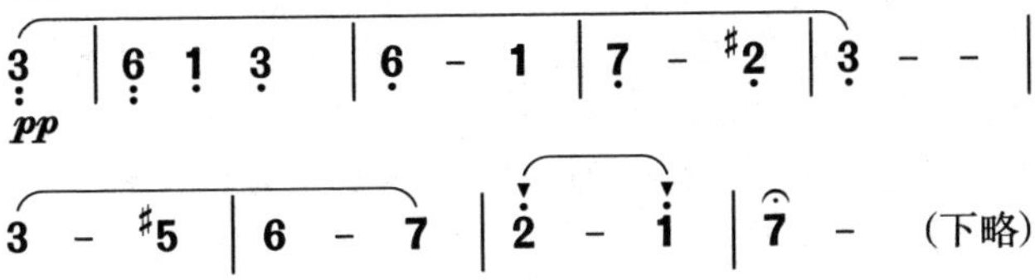

接着，又出现了第二主题，即“命运”的形象。这次它是由圆号奏出的，同第一乐章的“命运”主题非常近似。

谱例 26

1=♭E $\frac{3}{4}$

快板

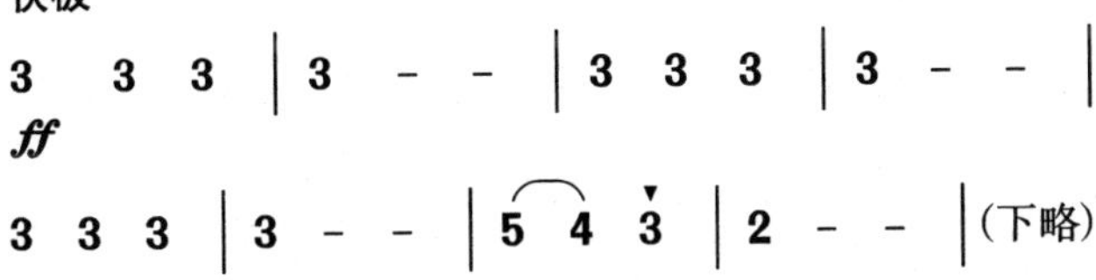

在这两个对比形象的交错与发展之中，占优势地位的依旧是“命运”的主题。

第三乐章的中部，还有一大段群众性的舞蹈音乐：

谱例 27

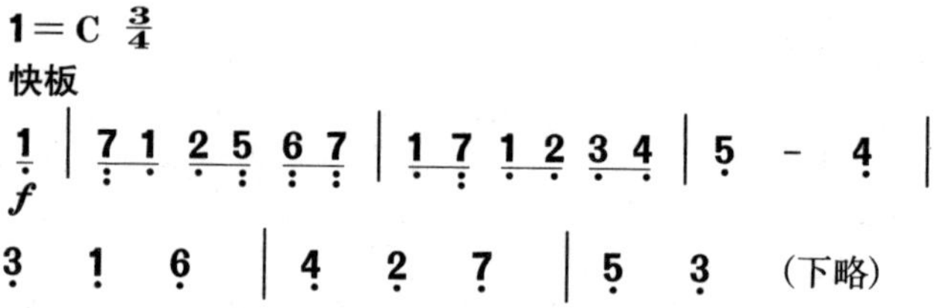

它象征着人们的力量和信心，仿佛是表现群众对“命运”的藐视。这段欢乐的音乐预示了斗争的胜利。当乐曲的第一、第二主题再次出现时，第二主题“命运”的形象显然不再那么威严，而第一主题的提问与犹疑的形象变得更为积极、有力了。第三乐章与第四乐章没有间歇，音乐直接进入第四乐章。

第四乐章是人民胜利的颂歌。它一开始便由乐队全体奏出了威武嘹亮的胜利主题。

谱例 28

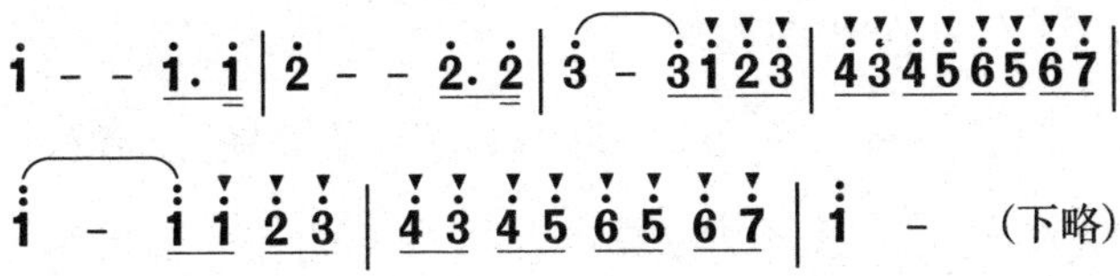

这响彻云霄的雄壮音乐，宣告了伟大的胜利。副部的主题，则从另一个角度表现了人们欢欣鼓舞的心情。

谱例 29

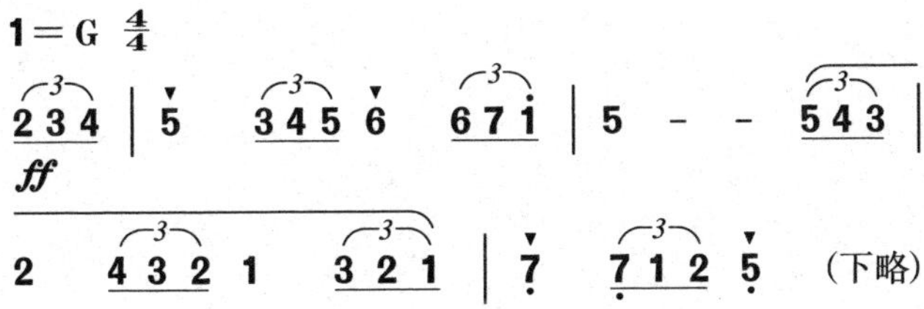

当欢乐的音乐不断发展、高涨的时候，忽然，气氛紧张起来，“命运”的音型重又出现。这次它的声音显得微弱、单薄，好像是人们在回忆和警觉：不要忘记黑暗的社会势力的存在，但是，历史的洪流是不能倒退的，胜利的日子终要来到。音乐再次奏出了胜利的主题。

《第五交响曲》形象、有力地体现了贝多芬的思想：经过斗争，最后取得的必将是民众的胜利和欢乐，是群情激昂的凯旋和光明伟大的未来。

《第六交响曲》（《田园》）

贝多芬对大自然有着特别深厚的感情。他最喜欢一个人到乡间去散步，到葱郁的灌木丛中、高耸的大树下、潺潺的流水旁，欣赏大自然恬静的美。他的许多动听的音乐便是受大自然的启发构思出来的。他患耳疾以后，更爱到大自然中去了，因为在那里“糟糕的听觉不再妨碍”他。

贝多芬在创作中表现大自然的题材，还有其深刻的社会原因。当时，贝多芬对启蒙运动有着强烈的共鸣，而“回归自然”是启蒙运动所提倡的口号之一。贝多芬把他追求真理、要求自由解放的迫切愿望和对美好未来的希望，都写进了以大自然为题材的作品中去了。《第六交响曲》便是其中最有代表性的一首。

这首作品作于1808年左右。它情趣盎然、诗意浓郁，宛如一幅生动的乡间生活的图画。不过，贝多芬在作品中所侧重的还不是绘画，而是表达乡间的乐趣在人心里所引起的感受。

在第一乐章，贝多芬标上了明确的文字“到达乡村时所唤起的愉快感觉”。这里，活泼跳跃的音调、明亮的调性、长笛的颤音，把我们带到了阳光明媚、鸟语花香的田园中去。用不着借助任何文字，我们就可以亲切地感受到那明朗愉快的情绪。

第二乐章是“溪边景色”。在我们眼前仿佛出现了另一幅画面——清澈的流水、水中的游鱼和鹅卵石，周围一片宁静的气氛，微风轻轻地拂过面颊。倚在溪边的树旁欣赏这一切，该有多么的美好！

第三乐章是“乡民有趣的集会”。它表现了活泼欢乐的民间舞蹈场面。

谱例 30

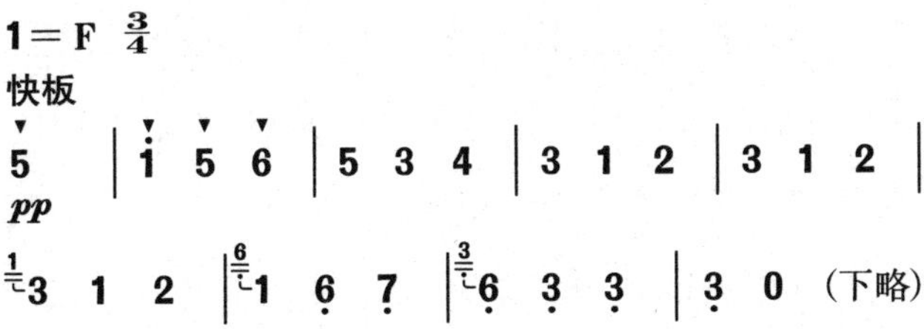

这音乐时而轻巧，时而热烈，时远时近。第三乐章中段还出现了另一个旋律，就像是另一批舞蹈者跳着节奏鲜明、刚劲有力的民间舞。

谱例 31

第三乐章不休止，直接进入第四乐章“雷电——暴风雨”。人们正在愉快地跳舞，不料天

边乌云密布、雷声轰鸣，下起了倾盆大雨，狂风呼啸、雷电交加。音乐形象地表现了大自然的离奇变幻和人们的感受。

第五乐章是“暴风雨后愉快和感激的情绪”。风雨雷电停息，太阳出来了，雨水冲刷过的田野显得清新、碧绿。在这令人心旷神怡的大自然中，人们感到格外的自由与舒畅。

贝多芬的这首交响曲，通过音乐艺术手段的表现，给人以强烈的感染力，体现了他对人生、自由的渴望与追求。许多年后，当他已步入晚年，在生活中遭遇各种不幸之后，他更加喜欢大自然了。他说：“在自然界里，没有嫉妒，没有竞争，也没有不诚实。”

《第九交响曲》（《合唱》）

贝多芬二十三岁时，就想为自己喜爱的德国诗人席勒的诗《欢乐颂》谱写音乐了。因为这首诗所歌颂的，正是贝多芬的理想。1815 年，他在笔记本里写下了这部交响曲的个别主题的轮廓。1817 年左右，他正式着手写作这部交响曲，并将《欢乐颂》写进了这部作品的末乐章。他是用了很大的心血，花了很长时间从事它的写作的。直到 1823 年，这部作品才最后完成。在此期间，受当时动荡的社会现实的影响，贝多芬在思想上万分压抑痛苦，生活上也日益贫困，创作上沉默了好几年。他在苦闷中思索着，对丑恶的社会现实已经深恶痛绝、忍无可忍。最后，他毅然写出了这部高举“自由、平等、博爱”旗帜的作品。

《第九交响曲》是一部宏伟的巨作。它思想深刻，富有哲理性。第一乐章开始，经过十六小节的序奏以后，出现了主部主题。

谱例 32

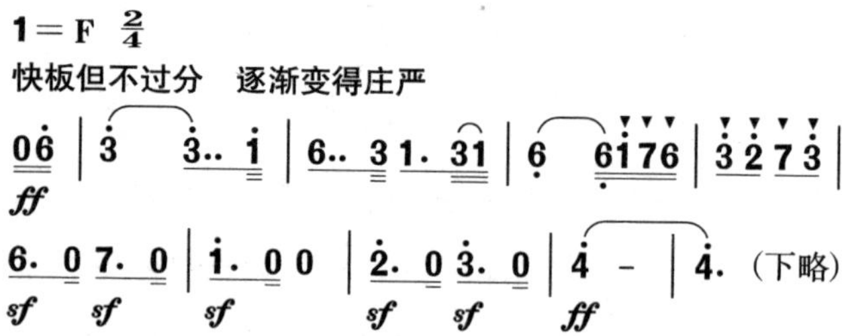

它用大幅度的下行的音型，形成了强烈的戏剧性效果，表现了在强大的黑暗势力压迫下的紧张的社会气氛。副部主题果断有力，带有不满、愤慨的情绪。

谱例 33

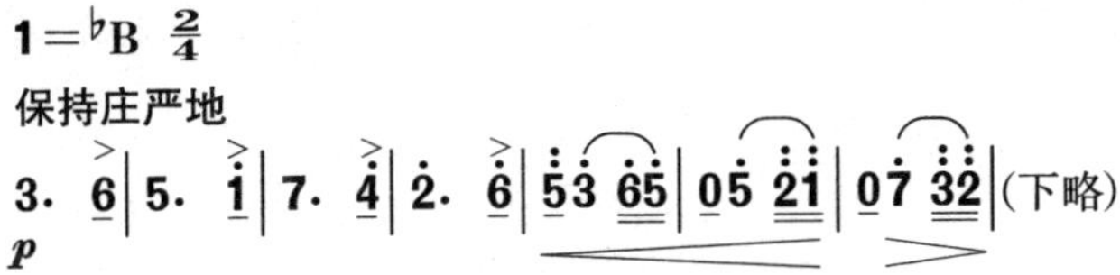

之后，它还被另一个英勇搏斗的形象所补充。

谱例 34

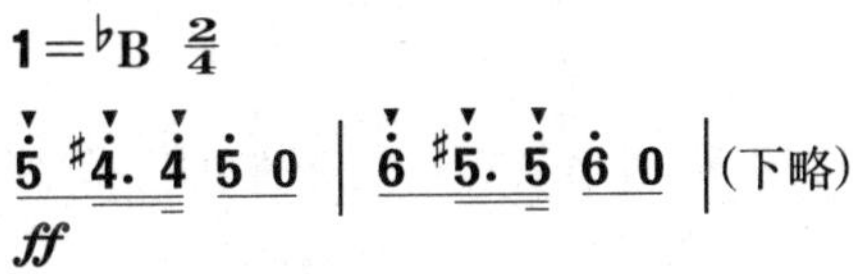

这个乐章刻画了人们不断地在黑暗和苦难中挣扎、搏斗，表现了他们为争取自由权利而顽强斗争。

第二乐章是一首十分活跃的快板乐曲。它的主要部分是一个快速的、粗犷的主题。

谱例 35

它虽然带有些惊惶不安，但整体上却是积极和有进取心的。在它之后，则有力地奏出了一个更为英勇果敢的主题。

谱例 36

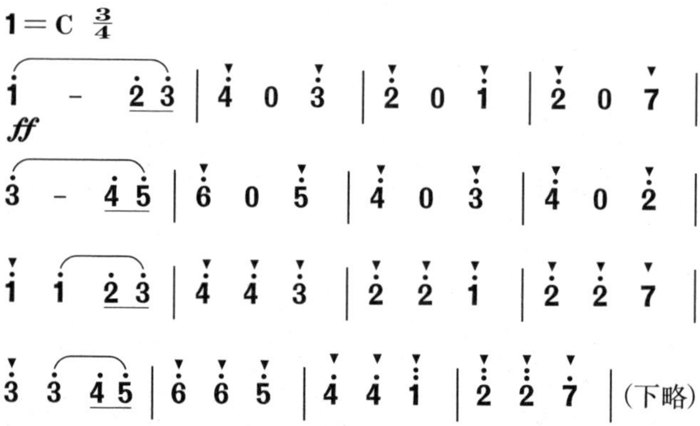

这两个互为补充的音乐主题，在整个乐曲中得到了很大的发展。它象征着人民群众在不断地聚集自己的力量，准备作持久的斗争。

在乐章中部，有一段乡间舞蹈性的音乐。这是从另外一个角度继续歌颂人们乐观的精神面貌，刻画人们心中蕴藏着的无穷无尽的力量。

第三乐章是歌唱性的慢板。这个乐章以两个

主题为基础展开变奏。第一个主题柔和、沉静，像是在倾吐和诉说内心的忧郁。

谱例 37

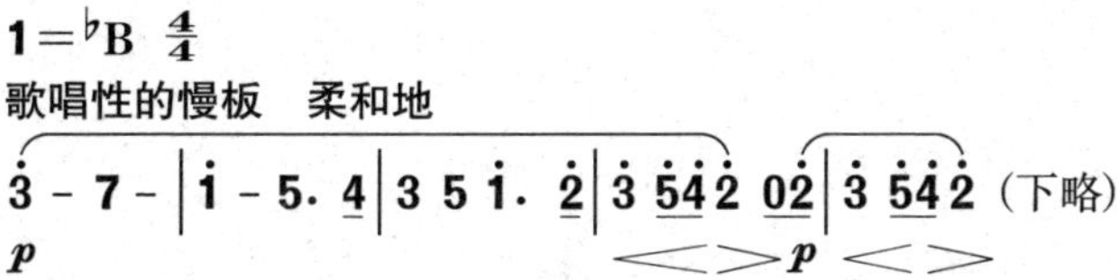

第二个主题的感情显得激动不安，具有丰富的表现力。

谱例 38

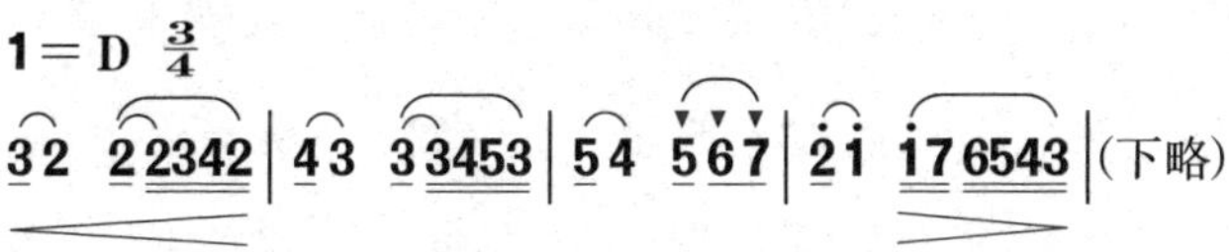

这个乐章用变奏的方式，使两个动听的主题得到了充分的发展。贝多芬以深沉的感情，表达了作曲家对人类的苦难的深切同情。

第四乐章是急板。贝多芬在这里写出了他寻找人生的“结论”的整个艰难曲折的过程。乐章开始，管乐奏出了几小节震耳欲聋的引子。然后，大提琴和低音提琴演奏了一句有力的如同朗诵一般的旋律（即“宣叙调”）。在总谱手稿上，这句宣叙调的下面写着这样的文字：“不，这将使我们想起绝望的时候。”[①]这段音乐实际上是对可怕的、绝望的生活的否定。之后，贝多芬将这部交响曲前面三个乐章的主题依次重复出现，并且逐个地加以否定。在第一乐章的主题出现之后，总谱上写着：“啊，不，不要这个，要别的更愉快的。”在第二乐章活跃的主题之后，总谱上写着：“这不过是说说笑话罢了——要的是好一点、美一点的东西。”在第三乐章的主题后面，总谱上又写着：“这太……太温和了，应当找到更热烈的东西。”对前三个乐章主题的否定，仿佛表明贝多芬认识到：不能总是在“命运”的压迫下被动地挣扎；没有通过奋斗得到的快乐不是真正的快乐；怜悯和同情也都无济于事。那么，究竟什么才是

① 这句宣叙调原来是由人声演唱，后来贝多芬改为用大提琴和低音提琴演奏。

他理想的目标呢？这时，木管柔和地奏出一个优美的主题片段。

谱例 39

1＝D $\frac{4}{4}$

十分快的快板　柔和地

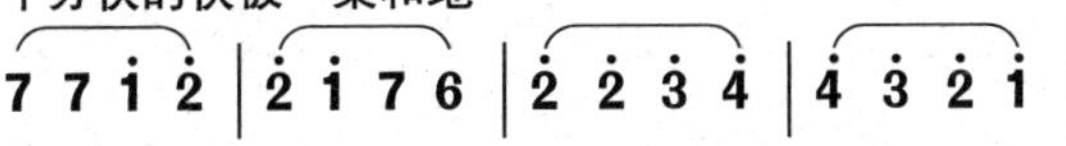

（下略）

在这里，贝多芬写上：“啊！就是这个。终于找到了——‘欢乐’！”这个主题，就是贝多芬为席勒的《欢乐颂》谱写的主题片段。在木管演奏后，又由大提琴和低音提琴奏出，音量逐步扩大，情绪渐渐推向高潮。最后，乐章末段还出现了领唱、合唱：

欢乐女神圣洁美丽，
灿烂光芒照大地，
我们心中充满热情
来到你的宫殿里。
你的威力能把人类重新团结在一起，

在你温柔的翅膀之下

一切人类成兄弟。

在这里，贝多芬选取了席勒长诗中的核心部分，将“欢乐女神”当作“自由、平等、博爱”口号的象征，把占据了他整个心灵的资产阶级共和理想比喻为欢乐女神的宫殿。他运用了丰富的音乐手段歌颂了他的这一理想，并投入了全部热情谱写这段音乐，试图通过音乐艺术的方式，感染人们、号召人们为美好未来而斗争。

这部贝多芬用了几乎十年时间和心血谱写的交响曲，体现了他对人类命运、社会未来的深切关注和思考，凝聚了这位大师一生创作的全部经验。在交响曲里加进人声，是贝多芬的一个大胆创举。这说明，即使到了晚年，他也没有停止在艺术上创新。《第九交响曲》的演出获得巨大的成功。贝多芬当时的耳朵几乎完全聋了，但他坚持由自己指挥演出。据说，由于贝多芬在末乐章指挥的速度比乐队的实际速度慢了几拍，所以当乐队结束时，他还在打着最后的几拍。剧场里爆发了热烈的掌声，但他全然听不见，还是一位女低音歌手含着热泪，拉着他的手，小心地扶他转向观众，他才发觉全体观众已经起立，向他鼓掌欢呼。观众为他鼓掌达五次之多，超过了当时欢迎皇族出场鼓掌三次的记录，以致引起了警察的干涉。这部伟大的作品，以它热切追求社会进步的思想内容和高度的艺术成就，一直受到各国人民的喜爱，成为人类艺术宝库中不可多得的瑰宝。

歌剧、戏剧配乐与管弦乐序曲

贝多芬虽然是以创作器乐音乐闻名世界的，但他始终对戏剧音乐抱有兴趣。他早在任波恩国家剧院的乐队第二小提琴手时，就接触到了当时的歌剧、音乐喜剧、戏剧配乐等，对这些艺术形式的特点有了一定的了解。这之后，他还不断地写过一些戏剧音乐。它们同他的器乐作品一样，都鲜明地反映了贝多芬追求资产阶级理想、反对封建制度的进步思想。例如，芭蕾舞剧《普罗米修斯的生民》描写的是希腊神话中的一位英雄——普罗米修斯，他从天上把火偷出来，给人类带来了光明，因而触怒了天神宙斯，受到惩罚，被捆绑在高加索山上任凭兀鹫噬啄他的肝脏。贝多芬在为这部芭蕾舞剧写的配乐中，歌颂了普罗米修斯自我牺牲的精神，也表现了相信人类终将从封建桎梏的奴役下获得光明、自由的思想。

《菲岱里奥》

这是一部两幕歌剧（Op.72），脚本由约瑟夫·冯·松莱特纳根据法国作家布伊的《莱奥诺拉》编写。贝多芬于 1805 年前后为它谱写了音乐，又于 1806 年、1814 年两度改定。这部歌剧是贝多芬早年受到法国大革命时期的“拯救歌剧”的影响而创作的。在法国大革命期间所流行的一些歌剧，内容上大都歌颂主人公为受苦受难的群众牺牲，从而拯救了大众，使他们获得自由，因此被称为“拯救歌剧”。贝多芬的这部歌剧写的也是这类题材。它描写一个名叫弗洛列斯坦的贵族青年，被滥用职权、私仇公报的仇人皮萨罗囚禁在狱中。弗洛列斯坦的妻子莱奥诺拉机智地女扮男装，改名为菲岱里奥，到狱中为监狱看守罗科充当助手，以便寻找机会援救她的爱人。皮萨罗为掩盖自己的罪行，准备将弗洛列斯坦立即处死。当他刚要下毒手时，菲岱里奥挺胸站到弗洛列斯坦的前面，用身体保护自己的丈夫，并唱道："先把他的妻子杀死吧！"在这千钧一发的时刻，响起了号声，首相唐·费尔南多来到牢房视察，弗洛列斯坦和莱奥诺拉双双获救。这部歌剧表现了一种反对黑暗的封建统治，追求自由、解放的思想，并歌颂了为实现自己的理想而勇敢斗争的精神。

《菲岱里奥》是贝多芬一生中所写的唯一的一部歌剧。为了它，贝多芬呕心沥血，费尽了心思。他一再修改这部歌剧的音乐，还为这部歌剧写了四首序曲，总希望自己的作品能够写得更令人满意一些。但是，歌剧的演出并未获得成功，因为当时其所处社会出现了经济上的危机和政治动乱，城里人心惶惶，无心欣赏。另外，歌剧本身有许多缺点，如结构太长、戏剧发展太慢等。贝多芬因此非常难过。后来，他又进行了几次大的修改，并同剧院的经理发生了争执，以致歌剧在以后的好几年内都未能上演，直到 1814 年，演出才获得成功。

在贝多芬为《菲岱里奥》写的四首序曲中，经常用来在歌剧开演前演奏的，是他在 1814 年第二次修改时谱写的第四首序曲。在这部歌剧中，比较出色的几段音乐如下：

第一幕第三首的四重唱《我感到多么惊讶!》。当莱奥诺拉女扮男装，在罗科家中帮忙干活时，罗科的女儿没有看出破绽，爱上了莱奥诺拉，罗科也为之感到高兴。而罗科的另一助手雅奎诺却真心地追求着罗科的女儿，但他遭到姑娘的婉言拒绝。这引起了莱奥诺拉的很大不安。她希望两个年轻人相爱，但又不能说出真相……这段四重唱，唱出了四个人当时的不同心情，音乐处理得十分巧妙。

第一幕第九首是莱奥诺拉的咏叹调《讨厌的家伙，你到哪儿去?》。莱奥诺拉窃听到皮萨罗要杀害弗洛列斯坦的消息，又紧张、又害怕，她为自己丈夫的命运担心。但她坚信依靠自己忠贞的爱情的力量，是可以帮助她挽救丈夫生命的。这些复杂的心情在这首富有戏剧性的咏叹调里得到了出色的表现。

第一幕第十首终曲是囚徒的合唱《啊，多么高兴》。由于莱奥诺拉的建议，囚徒们被允许到户外短暂的放风。囚徒们一边来到监狱的庭院的阳光下，一边唱起这首合唱曲，表现了他们对自由的渴望。

第二幕第五首是二重唱《说不出来的高兴啊！》。弗洛列斯坦和莱奥诺拉得救后，唱出了这段二重唱，表现他们喜悦的心情。

《莱奥诺拉第三序曲》

管弦乐序曲一般是指在歌剧、清唱剧或戏剧开始前演奏的器乐曲。随着历史的发展和演变，序曲逐渐强调同戏剧本身的内在联系，音乐材料大多源于剧中的某些主题，一般是为剧作的开始做好情绪和背景上的铺垫。

在贝多芬为《菲岱里奥》写的四首序曲中，1806 年修改歌剧时重写的第三序曲（Op.138，No.3），被公认为是四首序曲中音乐表现力和戏剧感染力最好的一首。在歌剧演出时，通常把这首序曲放在两幕之间作为幕间曲演奏，或者作为一首独立的管弦乐作品在音乐会上演出。

这首序曲精练、集中地表现了全剧的基本情绪，概括了歌剧的主题思想。序曲开始时，以缓慢的速度演奏了一个引子。它阴森威严，烘托出歌剧发生的背景，表现了男女主人公所遭到的痛苦。但是，引子中也出现了另一个由木管吹奏的优美的旋律，表明有另一种高尚的力量存在，这就是莱奥诺拉的崇高的爱情。

序曲采用了奏鸣曲式的结构。它的主部主题热情奔放，刻画了莱奥诺拉光明磊落的内心世界和她不畏强暴的勇敢精神。

谱例 40

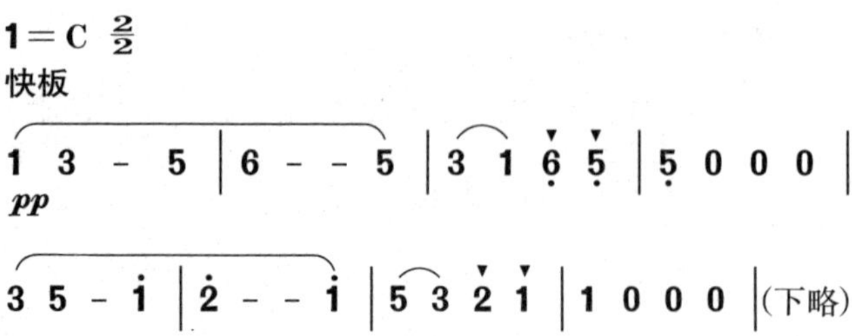

副部由圆号同弦乐奏出雄壮的音调，进一步补充了主部主题的音乐形象。它的音调是在引子中出现过的：

谱例 41

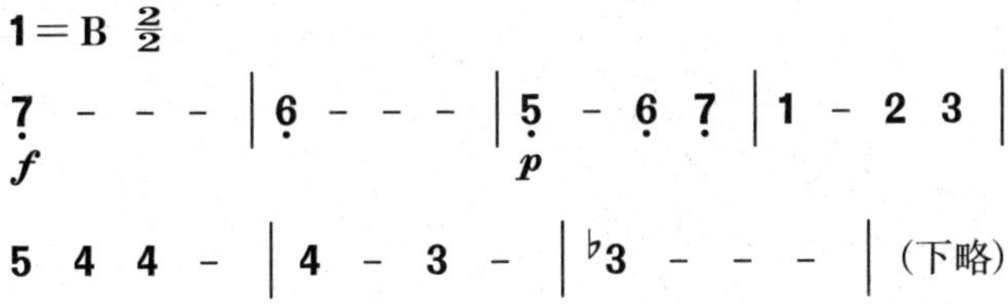

展开部表现了善与恶两种势力的戏剧性冲突与斗争，并且在最高潮之处出现了独奏的小号嘹亮的声音，预示着矛盾的解决。序曲最后奏出了热烈、喜庆的音乐，仿佛祝贺莱奥诺拉救出了丈夫。这首序曲的音乐，反映了贝多芬相信世界上一切受到奴役与压迫的人们，终将获得解放的思想。

《埃格蒙特序曲》

在序曲这种音乐体裁中，有一种“音乐会序曲”。这种序曲是在音乐会开始时而非歌剧等戏剧音乐开幕前独立演出的管弦乐作品。音乐会序曲有时用单乐章的奏鸣曲式写成，有时是用更为自由的交响诗写成。

贝多芬的《埃格蒙特序曲》（Op.84）就是一首音乐会序曲。它开始是贝多芬为歌德的戏剧《埃格蒙特》创作的序曲及九段戏剧配乐，但后来戏剧已不常演出，而这首序曲却一直作为独立的音乐会作品而经常演出。

歌德 1788 年前后完成的这部戏剧，描写了 16 世纪尼德兰人民为反抗西班牙的统治而展开的民族解放斗争。戏剧的主人公埃格蒙特是尼德兰的贵族，由于反抗西班牙人的统治而被捕入狱并被判死刑。他的爱人呼吁人民起义，但因无法救出埃格蒙特而绝望自杀。埃格蒙特赴刑之前，高呼“为祖国奋斗，争取自由，争取解放”的口号。

出自对歌德的热爱，也因为对拿破仑侵略行径的愤慨，贝多芬选了这部戏剧进行配乐，力图通过它来表现自己的爱国热忱。在序曲结尾的总谱上面，他郑重地写着：“预告祖国即将到来的胜利。”

《埃格蒙特序曲》是用奏鸣曲式写成的。乐曲开始时有一段引子，包括两个对立的音乐形象：第一个是西班牙统治者的形象，用西班牙萨拉班德舞曲[①]的节奏特点写成，音乐威严有力。

---

① 萨拉班德舞曲是一种慢速的三拍子的舞曲，强拍常落在第二拍上。这种舞曲 15 世纪起源于波斯国，16 世纪流行于西班牙。

谱例 42

1＝♭A $\frac{3}{2}$

行板　声音饱满而不过分

第二个是遭受苦难的人民的形象，由木管奏出悲哀、叹息的音调。

谱例 43

1＝♭A $\frac{3}{2}$

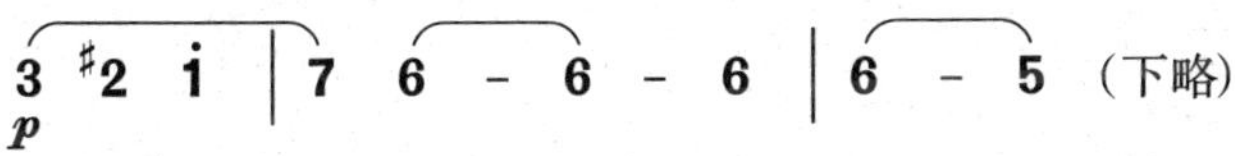

呈示部的主部主题是由引子中的代表人民形象的音调发展而来的。它的下行的音调进行使得音乐更为沉重并带有愤怒的感情。这个主题由大提琴和低音提琴奏出：

谱例 44

1＝♭A $\frac{3}{4}$

快板

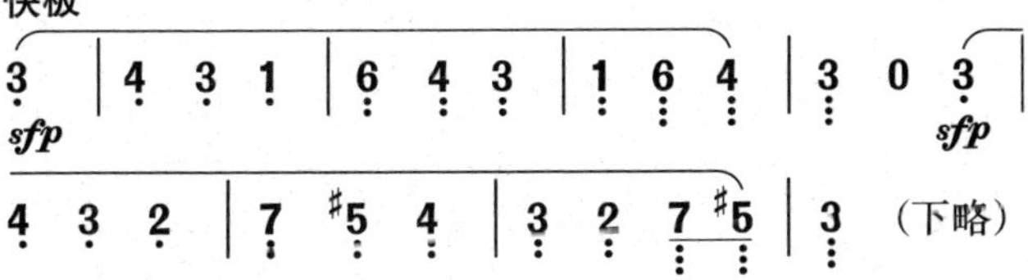

副部主题是以引子中代表西班牙统治者形象的音调为基础，并加上代表人民形象的音调。这两种对立的因素结合在一起，使乐曲产生了强烈的戏剧性效果。

谱例 45

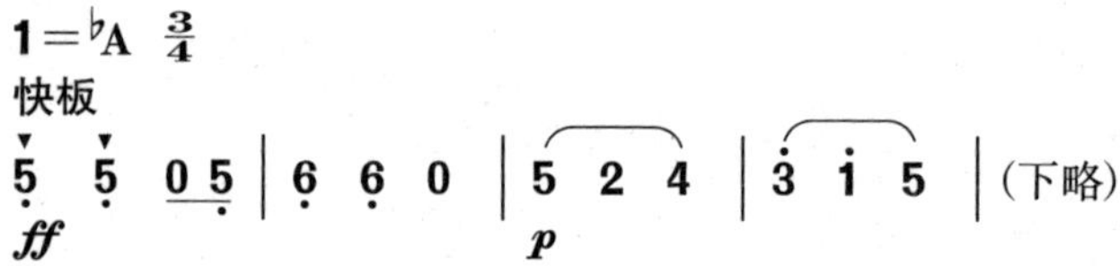

在乐曲发展的过程中，两种对立因素不断冲突和斗争。最后，音乐在短暂的沉默以后，突然爆发出胜利的、凯旋性的音调。《埃格蒙特序曲》以其生动的音乐形象，表现了这样一种思想：英雄的光荣牺牲，换来了人民的自由和解放。

器乐小品

小品曲（bagatelle），原意为小事，即一种纯朴的器乐小曲，多为钢琴曲。贝多芬固然写过许多气势宏伟、动人心魄的大型音乐作品，但是，他也写过一些感情细腻、短小精练的音乐小品。例如，贝多芬曾为钢琴写过二十余首小品曲（Op.33、Op.119、Op.126 等），这些作品体现出贝多芬创作体裁与风格的全面、多样。

《G大调小步舞曲》

贝多芬早期的钢琴小品《G大调小步舞曲》，（WoO10，No.2）创作于1796年前后。因为很多人都喜欢它，所以后来被人们改编为小提琴独奏曲等其他形式的乐曲。

小步舞曲原是法国的一种三拍子的民间舞曲，17世纪时被当时的欧洲宫廷喜爱，逐渐成为贵族舞曲，之后又被专业作曲家用来写作大型的器乐曲（交响曲及奏鸣曲）中的一个乐章（如前面介绍的贝多芬的《月光》奏鸣曲的第二乐章就运用了小步舞曲的形式）。

贝多芬的《G 大调小步舞曲》是一首独立的钢琴小品。它的曲调优雅、速度适中，右手奏出三度的双音级进音型，左手稳重地弹出低音和节奏。整个音乐典雅、庄重。

谱例 46

1＝G $\frac{3}{4}$

中庸速度

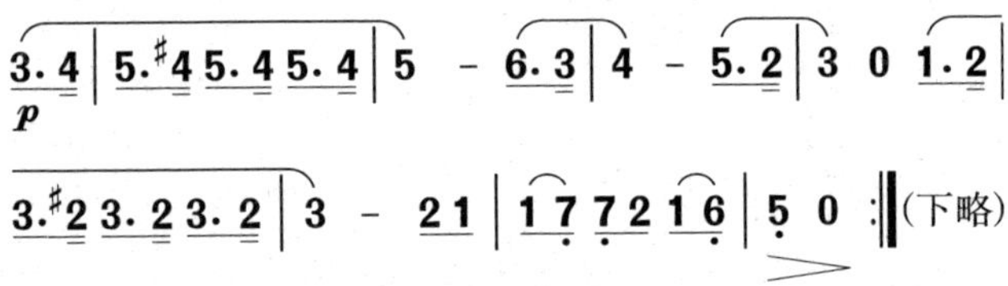

乐曲的中间有一段比较活泼、流畅的旋律，与前面的曲调形成了一定的对比。最后，音乐又回到开始的主题上去。这首乐曲使我们联想到 17、18 世纪宫廷中的男女贵族，穿着华丽的礼服和拖裙，手拉手翩翩起舞的情景。它反映了贝多芬早期创作的特点。

#《献给爱丽丝》

这首小巧玲珑的钢琴小品（**WoO59**），大约写于 1810 年。它和贝多芬的《第五钢琴协奏曲》《埃格蒙特序曲》产生于同一时期，反映了贝多芬生活的另一个侧面。整个乐曲的音乐风格比较单纯。

乐曲用回旋曲①的形式写成。它的主题亲切

① 回旋曲是一种乐曲的结构形式。它由一个反复出现多次的主题和若干个插段组成。其基本结构为：主题（A）—插段（B）—主题（A）—插段（C）—主题（A）。

地勾画出了一个纯朴可爱的女孩子的形象。音乐中半音的重复进行委婉而动听，带有几分孩提般的性格。

谱例 47

1＝C $\frac{3}{8}$

中速

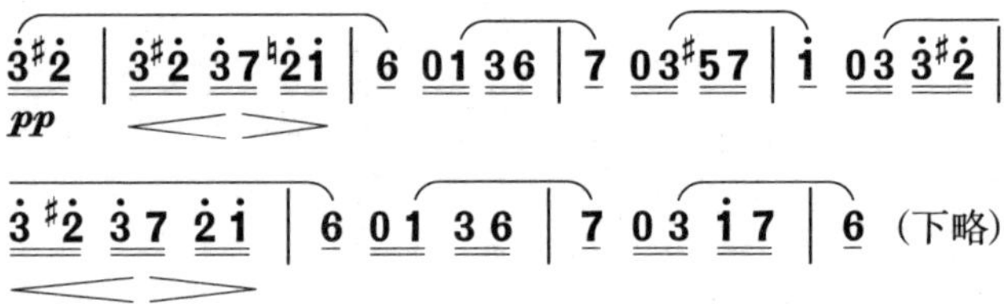

在第一个插段里，奏出了另一个不同的形象，它比较活泼而富有歌唱性。

谱例 48

1＝F $\frac{3}{8}$

柔和地

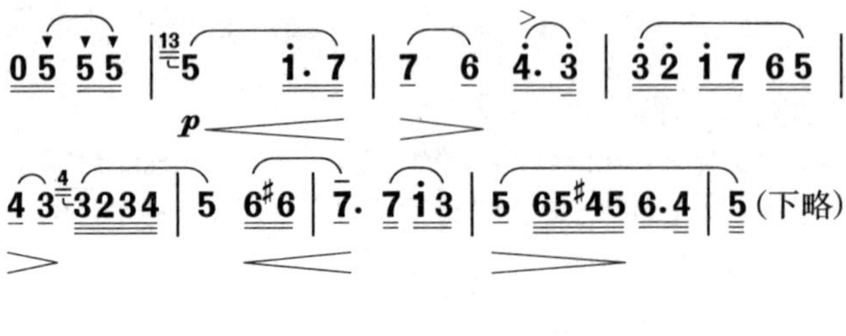

接在主题之后的第二个插段，由右手变换着弹出几个和弦的音型，左手在低音处敲击着同一个A音，使得音乐的气氛变得有些严肃。不过，这段音乐没有持续多久，便又回到开始时可爱的主题上去了。

人们注意到，在这简短的乐曲里，贝多芬写出了这样鲜明而多样的音乐形象，而且这首乐曲的主题动机“$\underline{\underline{\underline{\dot{3}\,^{\sharp}\dot{2}}}}\;\big|\;\underline{\underline{\underline{\dot{3}\,^{\sharp}\dot{2}}}}\;\underline{\underline{\underline{\dot{3}\,7}}}\;\underline{\underline{\underline{^{\natural}\dot{2}\,\dot{1}}}}\;\big|\;\underline{6}$”先后出现十六次之多，却丝毫没有使人感到厌倦。可见在这首音乐小品中，音乐大师的技巧也是体现得淋漓尽致。

《F大调浪漫曲》

这是贝多芬为小提琴和管弦乐队所写的作品。器乐作品中的“浪漫曲”，是一些具有抒情特点的音乐小品。贝多芬的这首浪漫曲（Op.50，No.2）约作于1798年。

这首浪漫曲十分动人，用回旋曲的结构写成。因为音乐主题一再出现，所以给人留下深刻的印象。主题旋律悠扬潇洒、扣人心弦。

谱例 49

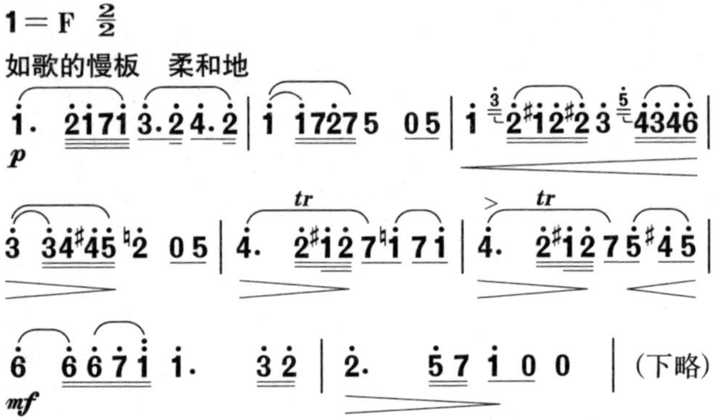

第一个插段在主题的基础上稍加发展和装饰，奏出了类似的旋律，不过它的抑扬顿挫和感情的起伏更为显著。主题在它之后第二次出现，随之演奏了第二个插段，情绪渐渐变得激动而自由奔放。在这里旋律的跳动较大，伴奏部分的音响和节奏更为响亮、急促。当主题第三次出现时，变得果敢而有力。这首小品由于写得优美动人，被历代小提琴家视为珍品而得到频繁的演出。

《土耳其进行曲》

这原来是一首管弦乐作品，后来改为钢琴曲和小提琴曲。它是贝多芬为戏剧《雅典的废墟》所写的九段配乐中的一段。现在，这些配乐大都不常演出了，只有其中的序曲、一首合唱曲和这首《土耳其进行曲》（Op.113，No.4）还经常演出。

1809 年，在维也纳被拿破仑军队占领期间，贝多芬写出了这首进行曲的主题。它短小精练，富有朝气和活力。

谱例 50

$1={}^{\flat}B\ \frac{2}{4}$

小快板

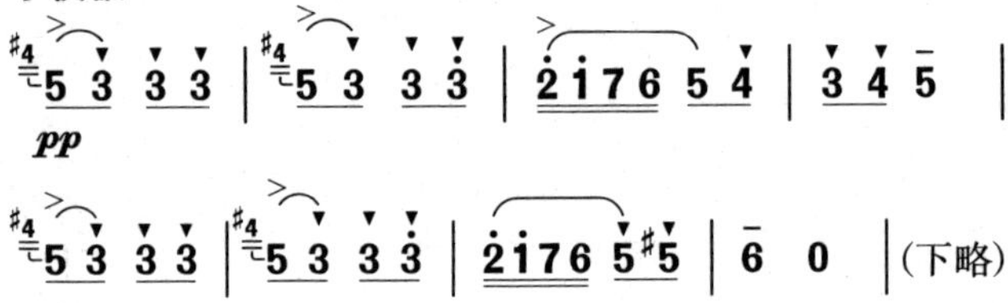

乐曲的低音简单地敲击着拍子，像是军乐队中的鼓声。这首乐曲的音乐单纯，旋律通俗易记。它同莫扎特的《土耳其进行曲》一起，被公认为最著名的两首土耳其风格的进行曲。

声乐作品

贝多芬善于写器乐曲，但在他的一生中，也写过大量的歌曲，如抒情歌曲、声乐套曲等，并且改编过欧洲许多国家和民族的民歌。他还写过一些大型的声乐体裁作品，如《约瑟夫二世皇帝逝世康塔塔》《D大调庄严弥撒》等。这两部作品在他的声乐创作中也占有重要的地位。

《谁是自由人？》

贝多芬在波恩时，听到莱茵河对岸的法国爆发了轰轰烈烈的大革命的消息。他欢欣鼓舞、兴高采烈，深深地被法国人民的革命精神所感动。这时候，他强烈地被革命的口号“自由、平等、博爱”所吸引，并且开始思考人生的问题，寻找高尚的生活目标。歌曲《谁是自由人?》正是这个时候（1792 年）谱写的。这是一首合唱曲，它的音调高昂、铿锵有力，表现了作者要摆脱封建制度的奴役，争取自由解放的决心。

E. BÜCHNER
Bonn 97

《火的色彩》

这也是贝多芬在波恩时期的作品（Op.52，No.2），写于1792年以前。歌曲中，形象地把“火”比喻为颠扑不破的真理，表现了早年的贝多芬不满封建统治，追求真理的思想。歌曲的旋律朴素单纯，非常接近民歌，使人感到亲切。在唱到玫瑰花“一时少不了要衰败”，冰雪“不能长在”，而“烈日不能使火的本性更改”的时候，由大调转到同名小调，并延长了音乐的节奏，从而突出了歌曲的主题思想。

《跳蚤之歌》

贝多芬根据歌德的名著《浮士德》中的一首诗谱写了这首歌（Op.75，No.3）。在歌德的这部作品中，魔鬼梅菲斯托费勒斯（象征封建统治的叛逆者）把宫廷中受宠的佞臣比作“跳蚤”，对他们依仗权势、专横跋扈、胡作非为的卑劣行径进行了无情的讽刺。诗中也对皇帝的昏庸无能做了揭露和嘲讽。贝多芬的这首歌采用了诙谐、尖刻的音调，写得比较生动。他还十分注意对歌词的情绪变化做细致的处理。半个世纪以后，俄国作曲家穆索尔斯基也写了一首《跳蚤之歌》，那首歌比贝多芬的这首更富有戏剧性，流传更广。但是贝多芬的这首作品，也是很成功的。

三、作品目录①

① 引自《牛津音乐词典》（第六版）“贝多芬”条目，人民音乐出版社 2023 年版，第 106—108 页。

歌剧：《菲岱里奥》（*Fidelio*），Op.72（作于1805年，改于1806及1814年）。

交响曲：No.1C大调，Op.21（作于 1799～1800年，1800年4月2日在维也纳首演，指挥为P. 弗拉尼茨基，1801年出版）；No.2 D大调，Op.36（作于1801～1802年，1803年4月5日在维也纳首演，指挥为贝多芬，1804年出版）；No.3 降E大调《英雄》（*Eroica*），Op.55（作于1803～1804年，1805年4月7日在维也纳首演，1806年出版）；No.4 降B大调，Op.60（作于1806年，1807年11月15日在维也纳首次公演，指挥为克莱门特，1808年出版）；No.5 C小调，Op.67（作于1804～1808年，1808年12月22日在维也纳首演，指挥为贝多芬，1809年出版）；No. 6 F大调《田园》（*Pastoral*），Op.68（作于1807～1808年，1808年12月22日在维也纳首演，指挥为贝多芬，1809年出版）；No.7 A大调，Op.92（作于1811～1812年，1813年12月8日在维也纳首演，指挥为贝多芬，1816年出版）；No.8 F大调，Op.93（作于1812年，1814年

2月27日在维也纳首演，指挥为贝多芬，1816年出版）；No.9 D小调《合唱》（*Choral*），Op.125（作于1817～1823年，1824年5月7日在维也纳首演，指挥为贝多芬，1826年出版）；《战斗交响曲》（*Battle Symphony*），Op.91（作于1813年，1813年12月8日在维也纳首演，指挥为贝多芬，1816年出版）。

协奏曲（钢琴）：降E大调（1783）；No.1 C大调，Op.15［按照创作次序实际为No.2，作于1795～1798年，（据推测）1800年4月2日在维也纳首演，独奏者贝多芬，指挥为弗拉尼茨基，1801年3月出版］；No.2 降B大调，Op.19（按照创作次序实际为No.1，作于1794～1795年，1795年3月29日在维也纳首演，独奏者贝多芬，1801年12月出版）；No.3 C小调，Op.37（作于1800～1801年，1803年4月5日在维也纳首演，独奏者贝多芬，1804年出版）；No.4 G大调，Op.58（作于1805～1806年，1808年12月22日在维也纳首演，独奏者贝多芬，1808年出版）；No.5 降E大调，Op.73［别名《皇帝》（*Emperor*），但此称并非贝多芬所加，作于1809年，1810年12月在莱比锡首演，独奏者施奈德，1812年2月12日在维也纳首演，独奏者车尔尼，1811年出版］。

协奏曲（弦乐及其他）：小提琴协奏曲，Op.61（贝多芬于1807年改编为钢琴协奏曲，1808年出版）；D大调小提琴协奏曲，Op.61（作于1806年，1806年12月23日在维也纳首演，独奏者克莱门特，1809年出版）；C大调三重协奏曲，Op.56（钢琴、小提琴与大提琴，作于1804年，1808年首演，1807年出版）。

其他管弦乐（序曲及其他）：《科里奥兰》（*Coriolan*），Op.62（1807）；《献给剧院》［*Die Weihe des Hauses*（*Consecration of The House*）］，Op.124（1822）；《莱奥诺拉》（*Leonora*），No.1，Op.138（1805），No.2（1805），No.3（1806）；《菲岱里奥》（*Fidelio*，1814）；为《埃格蒙特》（*Egmont*，歌德）作的序曲和9段配剧音乐，Op.84（1809～1810）；为《雅典的废墟》［*Ruinen von Athen*，科策布（Kotzebue）］作的序曲和8段配剧音乐，Op.113（1811）；为《斯

泰芬王》[*König Stephan*，科策布（Kotzebue）作的序曲和9段配剧音乐，Op.117（1811）；C大调序曲[《命名日》（*Namensfeier*）]，Op.115（1814～1815）；为芭蕾舞剧《普罗米修斯的生民》（*Die Geschöpfe des Prometheus*）作的序曲、引子和16段音乐，Op.43（1800～1801）。

钢琴奏鸣曲（32首）：Nos.1～3，Op.2［No.1 F小调，No.2 A大调，No.3 C大调（1794～1795）］；No.4，Op.7，降E大调（1796）；Nos.5～7，Op.10［No.1 C小调，No.2 F大调，No.3 D大调（1798）］；No.8，Op.13《悲怆》（*Pathétique*），C小调（1799）；Nos.9～10，Op.14［No.1 E大调，No.2 G大调（1799）］；No.11，Op.22，降B大调（1800）；No.12，Op.26，降A大调（1800～1801）；Nos.13～14，Op.27［No.1降E大调，No.2升C小调《月光》（*Moonlight*），两首皆称为"如幻想曲"（quasi una fantasia，1800～1801）］；No.15，Op.28，D大调［《田园》（*Pastoral*），1801］；Nos.16～18，Op.31［No.1 G大调，No.2 D小调，No.3降E大调（1801～1802）］；Nos.19～20，

Op.49［No.1G小调，No.2 G大调（1802）］；No.21，Op.53，C 大调［《华尔斯坦》（*Waldstein*），1804］；No.22，Op.54，F 大调（1804）；No.23，Op.57，F 小调，［《热情》（*Appassionata*），1804］；No.24，Op.78，升 F 大调（1809）；No.25，Op.79，G 大调《小奏鸣曲》（*Sonatina*，1809）；No.26，Op.81a，降 E 大调，［《告别》（*Lebewohl*），通常称作 *Les Adieux*，1809～1810］；No.27，Op.90，E小调（1814）；No.28，Op.101，A大调（1816）；No.29，Op.106，降B大调，［《钢琴奏鸣曲》（*Hammerklavier*），1817～1818］；No.30，Op.109，E大调（1820）；No.31，Op.110，降 A 大调（1821）；No.32，Op.111，C 小调（1821～1822）。

其他（钢琴）：D 大调四手联弹奏鸣曲，Op.6（1797）；《7 首小品曲》（*7 Bagatelles*），Op.33（1782～1802）；6 首 F 大调创作主题变奏曲，Op.34（1802）；15 首降 E 大调变奏曲与《普罗米修斯》（*Prometheus*）主题赋格曲［亦称《"英雄"变奏曲》（*'Eroica' Variations*）］ Op.35（1802）；32 首 C 小调变奏曲

（1806～1807）;6 首 D 大调变奏曲，Op.76（1810）；G 小调幻想曲，Op.77（1810）；11 首《小品曲》（*Bagatelles*），Op.119（1821）；根据迪亚贝利所作圆舞曲主题的 33 首变奏曲（*33 Variations on a Waltze by Diabelli*），Op.120（1819～1823）;《6 首小品曲》（*6 Bagatelles*），Op.126（1823～1824）；降 B 大调《大赋格》（*Grosse Fuge*），Op.133（贝多芬改编成钢琴二重奏，Op.134，1826）；G 大调《随想回旋曲》[*Rondo a capriccio*，又名“丢掉一毛钱的狂怒”（*Rage over a lost Groschen*）]，Op.129（1825～1826）。

室内乐：弦乐四重奏 [Op.18，Nos.1～6，F 大调、G 大调、D 大调、C 小调、A 大调、降 B 大调，1798～1800；Nos.7～9，Op.59（Nos.1～3），F 大调、E 小调、C 大调《拉祖莫夫斯基四重奏》（*Rasoumovsky Quartets*，献给俄国驻维也纳大使、热心的四重奏演奏者拉祖莫夫斯基伯爵，作于 1806）；No.10，Op.74，降 E 大调，又称为《竖琴四重奏》（*Harp*，1809）；No.11，Op.95，F 小调（1810）；No.12，

Op.127，降 E 大调（1822 ～ 1825）；No.13，Op.130，降 B 大调（1825 ～ 1826，现在的终乐章取代了《大赋格》，Op.133）；No.14，Op.131，升 C 小调（1825 ～ 1826）；No.15，Op.132，A 小调（1825）；No.16，Op.135，F 大调（1826）；Op.133，降 B 大调 《大赋格》（*Grosse Fuge* 原为 Op.130 的终乐章，1825）]；弦乐五重奏[Op.4，降 E 大调（1795 ～ 1796，根据管乐八重奏改编，作于 1792 ～ 1793 年，1830 年作为 Op.103 出版）；Op.29，C 大调（1800 ～ 1801）；Op.104，C 小调，贝多芬于 1817 年改编自他的钢琴三重奏（Op.1，No.3），1792 ～ 1794]；钢琴三重奏 [Op.1，Nos.1 ～ 3，降 E 大调、G 大调、C 小调，1792 ～ 1794；Op.38，降 E 大调（用小提琴或单簧管），贝多芬改编自他的七重奏，Op.20（1820 ～1823）；降E大调14 首变奏曲，Op.44（1802 ～ 1803）；Op.70，Nos.1 ～ 2，D 大调和降 E 大调（1808）；Op.97，降 B 大调《大公》（*Archduke*，1810 ～ 1811）；《"我是裁衣人白鹦鹉"主题变奏曲》（*Variations on 'Ich bin der Schneider Kakadu'*），Op.121a，又名 《白鹦鹉变奏曲》（*Kakadu*

Variations），约 1798］；弦乐三重奏［Op.3，降 E 大调（1794 年之前），改写成大提琴与钢琴曲，Op.64; Op.8,《小夜曲》（*Serenade*）, D 大调（1796 ～ 1797）; Op.9，Nos.1 ～ 3，G 大调，D 大调，C 小调（1797 ～ 1798）］；钢琴五重奏（钢琴、双簧管、单簧管、圆号、大管），Op.16，降 E 大调（1796），改为钢琴四重奏（1796，1801 年出版）;《七重奏》（*Septet*，小提琴、中提琴、大提琴、单簧管、圆号、大管和低音提琴），Op.20，降 E 大调（1799 ～ 1800）；小提琴奏鸣曲［请注意，贝多芬称之为"钢琴与小提琴奏鸣曲"。Op.12，Nos.1～3，D大调、A大调、降 E 大调（1797 ～ 1798）; Op.23，A 小调（1800）; Op.24，F 大调《春天》（*Spring*，1800 ～ 1801）; Op.30，Nos.1 ～ 3，A 大调、C 小调、G 大调（1801 ～ 1802）; Op.47，A 大调 《克鲁采》（*Kreutzer*， 1802 ～ 1803）; Op.96，G 大调（1812，1815 年修订）］；大提琴奏鸣曲［Op.5，Nos.1 ～ 2，F 大调、G 小调（1796）; Op.69，A 大调（1807 ～ 1808）; Op.102，Nos.1～2，C 大调、D 大调（1815）］；

《小夜曲》（*Serenade*），D 大调，Op.25，长笛、小提琴与中提琴（1801）;《六重奏》（*Sextet*），降 E 大调，Op.81b，2 支圆号，弦乐［1795（?）］;《三重奏》（*Trio*），降 B 大调，Op.11，钢琴、单簧管或小提琴与大提琴（1797）;《奏鸣曲》（*Sonata*），F 大调，Op.17，圆号与钢琴（1800）；大提琴与钢琴《变奏曲》（*Variations*），G 大调，WoO45，以《犹大·马加比》（*Judas Maccabaeus*）中的《得胜英雄凯旋归》（*See the conqu'ring hero comes*）为主题（1796）；F 大调，Op.66，以《魔笛》（*Die Zauberflöte*）中的《一个少女或一个小妇人》（*Ein Mädchen oder Weibchen*）为主题（1796）；降 E 大调，WoO46，以《魔笛》中的《对于男人，什么样的爱情感觉》（*Bei Mannern, welche Liebe fuhlen*）为主题（1801）。

合唱:《约瑟夫二世皇帝逝世康塔塔》（*Cantata on the death of the Emperor Joseph II*，1790）;《利奥波德二世皇帝即位康塔塔》（*Cantata on the accession of Emperor Leopold II*，1790）；清唱剧《基督在橄榄山》（*Christus am Ölberge*），Op.85（1803）；C 大

调弥撒曲，Op.86（1807）；D大调弥撒曲（*Mass in D major*）[《庄严弥撒》（*Missa Solemnis*）]，Op.123（1819～1822）；合唱幻想曲（*Choral Fantasia*，钢琴、合唱与乐队），Op.80（1808）；《平静的海与幸福的航行》[*Meeresstille und Glückliche Fahrt*（*Calm Sea and Prosperous Voyage*）]，Op.112（1814～1815）；康塔塔《光荣的时刻》[*Der glorreiche Augenblick*（*The Glorious Moment*）]，Op.136（1814）。

声乐（独唱）：场景和咏叹调《啊！不忠的人》（*Ah! Perfido!*），女高音和乐队，Op.65（1796）；《阿黛莱德》（*Adelaide*）Op.46（1795）；《希望》（*An die Hoffnung*），Op.32（1805）；男高音与钢琴声乐套曲《致远方爱人》[*An die ferne Geliebte*（*To the distant beloved*），歌词作者为A. 耶泰莱（Jeitteles）]，Op.98（1816），25首苏格兰歌曲，钢琴三重奏伴奏，Op.108（1815～1816）；12首苏格兰歌曲，钢琴三重奏伴奏，Op.108（1815～1816）；12首苏格兰歌曲（1841年出版）。